Andrzej Moszczyński jest autorem 23 książek, 34 wykładów oraz 3 kursów. Pasjonuje go zdobywanie wiedzy z obszaru psychologii osobowości i psychologii pozytywnej.

Ponad 700 razy wystąpił jako prelegent podczas seminariów, konferencji czy kongresów mających charakter społeczny i charytatywny.

Regularnie się dokształca i korzysta ze szkoleń takich organizacji edukacyjnych jak: Harvard Business Review, Ernst & Young, Gallup Institute, PwC.

Jego zainteresowania obejmują następujące tematy: potencjał człowieka, poczucie własnej wartości, szczęście, kluczowe cechy osobowości, w tym między innymi odwaga, wytrwałość, wnikliwość, entuzjazm, wiara w siebie, realizm. Obszar jego zainteresowań stanowią również umiejętności wspierające bycie zadowolonym człowiekiem, między innymi: uczenie się, wyznaczanie celów, planowanie, asertywność, podejmowanie decyzji, inicjatywa, priorytety. Zajmuje się też czynnikami wpływającymi na dobre relacje między ludźmi (należą do nich np. miłość, motywacja, pozytywna postawa, wewnętrzny spokój, zaufanie, mądrość).

Od ponad 30 lat jest przedsiębiorcą. W latach dziewięćdziesiątych był przez dziesięć lat prezesem spółki działającej w branży reklamowej i obejmującej zasięgiem cały kraj. Od 2005 r. do 2015 r. był prezesem spółki inwestycyjnej, która komercjalizowała biurowce, hotele, osiedla mieszkaniowe, galerie handlowe.

W latach 2009-2018 był akcjonariuszem strategicznym oraz przewodniczącym rady nadzorczej fabryki urządzeń okrętowych Expom SA. W 2014 r. utworzył w USA spółkę wydawniczą. Od 2019 r. skupia się przede wszystkim na jej rozwoju.

Inaczej o dobrym i mądrym życiu to książka o umiejętności stosowania strategii osiągania wartościowych celów. Autor opisuje 22 aspekty, które prowadzą do bycia mądrym. W jakim znaczeniu mądrym?

Mądry człowiek jest skupiony na działaniu ukierunkowanym na podnoszenie jakości życia, zarówno swojego, jak i innych. O tym jest ta książka: o byciu szczęśliwym, o poznaniu siebie, by zajmować się tym, w czym mamy największy potencjał, o rozwinięciu poczucia własnej wartości, które jest podstawowym czynnikiem utrzymywania dobrych relacji z samym sobą i innymi ludźmi, o byciu odważnym, wytrwałym, wnikliwym, entuzjastycznym, posiadającym optymalną wiarę w siebie, a także o byciu realistą.

Mądrość to umiejętność czynienia tego, co szlachetne. Z takiego podejścia rodzą się następujące czyny: nie osądzamy, jesteśmy tolerancyjni, życzliwi, pokorni, skromni, umiejący przebaczać. Mądry człowiek to osoba asertywna, wyznaczająca sobie pozytywne cele, ustalająca priorytety, planująca swoje działania, podejmująca decyzje i przyjmująca za nie odpowiedzialność. Mądrość to też zaufanie do siebie i innych, bycie zmotywowanym i posiadającym jasne wartości nadrzędne (do których najczęściej należą: miłość, szczęście, dobro, prawda, wolność).

Autor książki opisuje proces budowania mentalności bycia mądrym. Wszechobecna indoktrynacja jest przeszkodą na tej drodze. Jeśli jakaś grupa nie uczy tolerancji, przekazuje fałszywy obraz bycia zadowolonym człowiekiem, to czy można mówić o uczeniu się mądrości? Zdaniem autora potrzebujemy mądrości niemal jak powietrza czy czystej wody. W tej książce będziesz wielokrotnie zachęcany do bycia mądrym, co w rezultacie prowadzi też do bycia szczęśliwym i spełnionym.

Szczegóły dostępne na stronie:
www.andrewmoszczynski.com

Andrzej Moszczyński

Inaczej o poznawaniu siebie

2021

© Andrzej Moszczyński, 2021

Korekta oraz skład i łamanie:
Wydawnictwo Online
www.wydawnictwo-online.pl

Projekt okładki:
Mateusz Rossowiecki

Wydanie I

ISBN 978-83-65873-05-7

Wydawca:

ANDREW MOSZCZYNSKI
I N S T I T U T E

Andrew Moszczynski Institute LLC
1521 Concord Pike STE 303
Wilmington, DE 19803, USA
www.andrewmoszczynski.com

Licencja na Polskę:
Andrew Moszczynski Group sp. z o.o.
ul. Grunwaldzka 472
80-309 Gdańsk
www.andrewmoszczynskigroup.com

Licencję wyłączną na Polskę ma Andrew Moszczynski Group sp. z o.o. Objęta jest nią cała działalność wydawnicza i szkoleniowa Andrew Moszczynski Institute. Bez pisemnego zezwolenia Andrew Moszczynski Group sp. z o.o. zabrania się kopiowania i rozpowszechniania w jakiejkolwiek formie tekstów, elementów graficznych, materiałów szkoleniowych oraz autorskich pomysłów sygnowanych znakiem firmowym Andrew Moszczynski Group.

Ukochanej Żonie
Marioli

SPIS TREŚCI

Wstęp	9
Rozdział 1. Osobowość człowieka – co to takiego?	11
Rozdział 2. O co chodzi z tą inteligencją?	33
Rozdział 3. Pozytywne i negatywne cechy osobowości	41
Rozdzial 4. Nawyki dobre i złe	67
Rozdział 5. Człowiek, którzy poznał siebie	75
Rozdział 6. Poznaj swoje silne i słabe strony	79
Rozdział 7. Słownictwo – budulec naszej osobowości	87
Rozdział 8. Jesteś sową czy skowronkiem? I co z tego wynika?	93

Rozdział 9. Praca nad kształtowaniem
nowych cech   99

Refleksje końcowe   103

Bibliografia   107

O autorze   123

Opinie o książce   129

Dodatek. Cytaty, które pomagały
autorowi napisać tę książkę   133

Wstęp

Książka ta zawiera metody przydatne w diagnozowaniu własnej osobowości. To istotne ogniwo w łańcuchu czynności zmierzających do budzenia drzemiącego w każdym z nas potencjału. Czy wiesz, kim jesteś i jaki jesteś? Czy próbowałeś z odwagą spojrzeć na siebie i nazwać cechy, które Cię charakteryzują? Czy zauważyłeś, w jakim stopniu Twoje postępowanie zależy od nawyków – dobrych i złych? Czy masz świadomość swoich mocnych i słabych stron? Tylu rzeczy się uczymy w życiu, a tak rzadko uczymy się siebie!

Jeśli chcemy zbudować dom, musimy utwardzić podłoże, na którym ma stanąć, a jeśli chcemy osiągnąć spełnienie, musimy poznać siebie.

Wokół widujemy ludzi, którzy spełniają się w każdej dziedzinie. Są świetni w pracy, mają poukładane życie rodzinne, znajdują czas na rozwijanie zainteresowań.

Co robią, że tak znakomicie im wszystko wychodzi? Obserwując to z zewnątrz, często mówimy: przypadek, niezwykły fart, odziedziczony talent. Niekiedy mamy wrażenie, że los podaje im sukces i radość życia na tacy. To opinia nieprawdziwa i krzywdząca, krzywdząca nie ich, lecz nas samych! Powoduje, że automatycznie czujemy się zwolnieni z odpowiedzialności za własny los. Uznajemy, że nie ma sensu się starać, skoro szczęście i spełnienie zależy wyłącznie od zwykłego zbiegu okoliczności lub genów.

Rozdział 1

Osobowość człowieka – co to takiego?

Wystarczy rozejrzeć się w najbliższym otoczeniu, żeby dostrzec, że ludzie – mimo przynależności do tego samego gatunku – znacznie różnią się między sobą. Różnice nie dotyczą wyłącznie wyglądu zewnętrznego czy takich cech jak tembr głosu i sposób poruszania, choć te najłatwiej zauważyć. Każdy z nas zachowuje się inaczej, myśli inaczej, inaczej reaguje na te same zdarzenia. To, co jeden uzna za tragedię, dla drugiego będzie niewielką przeszkodą do pokonania. To, co jednego rozśmieszy, dla innego będzie żenujące. To, co jeden uzna za warte zachodu, drugi odrzuci od razu, z komentarzem: „Szkoda się wysilać!". Podobnych przykładów można podać nieskończenie wiele.

Z czego wynikają te różnice? Ich źródłem jest nasza osobowość, zjawisko bardzo dziwne, ale niezwykle interesujące. Nie możemy jej poznać za pomocą żadnego ze zmysłów. Ujawnia się poprzez nasze myślenie, mówienie i postępowanie. Czym jest? Definicji znajdziemy bardzo wiele, a psychologowie i myśliciele stale tworzą kolejne, zawężając albo poszerzając zakres znaczeniowy tego pojęcia. Większość badaczy skłania się ku stwierdzeniu, że osobowość to zbiór cech, które decydują o tym, jak myślimy, jak odczuwamy, jak traktujemy siebie i innych, jak oceniamy wszystko, z czym stykamy się w ciągu naszego życia. Osobowość jest niepowtarzalna, swoista dla każdego z nas.

Czy cechy osobowości mogą się zmieniać? I tak, i nie…

Niektóre są uwarunkowane genetycznie, wynikają z budowy naszego organizmu – i te zasadniczo nie ulegają zmianom. Inne jednak pojawiają się w wyniku doświadczeń życiowych i kontaktów społecznych. Kształtują się od momentu poczęcia aż do śmierci. Najwięcej ich powstaje i utrwala się w dzieciństwie, dlatego mówimy, że to ten okres decyduje o jakości dorosłego życia człowieka.

Jeśli będziemy świadomi możliwości zmiany pewnych cech osobowości, możemy na nie wpływać, celowo je wzmacniać bądź osłabiać, i w ten sposób przyjmować odpowiedzialność za siebie oraz za własne szczęście.

Co składa się na osobowość? Jest wiele teorii próbujących to opisać. Jedna z najszerszych wymienia wśród składników osobowości: temperament, popędy, potrzeby, wartości, postawy, zdolności, zainteresowania, obraz samego siebie i świata oraz inteligencję w jej różnych wymiarach.

Temperament decyduje o tym, w jaki sposób reagujemy na otoczenie. Temperament jest wrodzony i uwarunkowany fizjologicznie. Podlega pewnym modyfikacjom w procesach dojrzewania i starzenia się, ale nie można go zmienić całkowicie. To istotna informacja! Nie zatrzymamy wypracowanych cech na dłużej, jeśli będą z nim sprzeczne.

Pierwsza koncepcja temperamentu powstała już kilkaset lat przed naszą erą. Stworzył ją grecki lekarz Hipokrates, a zaproponowaną przez niego typologię udoskonalił inny starożytny medyk – Galen. Według nich, każdy człowiek reprezentuje jeden z czterech typów charakterologicznych.

Może być melancholikiem, cholerykiem, sangwinikiem lub flegmatykiem.

Kim jesteś według typologii Hipokratesa i Galena?

Możesz to sprawdzić, rozwiązując na przykład test zamieszczony w książce *Osobowość plus* autorstwa Florence Littauer[1]. Warto wykonać go samemu i zachęcić do tego członków rodziny. Wiedza, jaki typ temperamentu charakteryzuje każdego z nas, ułatwi wzajemne zrozumienie naszych reakcji i potrzeb. Do tego będzie można dostosować strategię postępowania. Rozpoznanie typu temperamentu pozwala na układanie właściwych relacji z otoczeniem,

---

[1] F. Littauer, *Osobowość plus. Jak zrozumieć innych przez zrozumienie siebie?*, Logos, 1994.

z poszanowaniem indywidualności każdego człowieka. W praktyce oznacza to na przykład, że jeśli syn jest flegmatykiem, nie można go popędzać podczas wykonywania zadania i denerwować się wolnym tempem jego pracy. Trzeba dać mu czas, skupić się na pozytywnych stronach jego działania, którymi będą prawdopodobnie skrupulatność oraz dokładność, i chwalić go za to!

Przedstawiona powyżej typologia temperamentu jest znana, ale nie jedyna. W 1921 roku Ernst Kretschmer opracował nową koncepcję, wiążąc temperament z budową ciała. Wyróżnił trzy zasadnicze typy: asteniczny, pykniczny oraz atletyczny.

Typ asteniczny, do którego zaliczył osoby wątłe, według jego oceny, charakteryzuje wrażliwość i nieśmiałość. Typ pykniczny – otyły i niski – cechuje zmienność nastrojów, ale i towarzyskość. Osoby typu atletycznego – o muskularnej budowie ciała – są zazwyczaj opanowane i nieufne. Czy to się sprawdza? Z moich obserwacji wynika, że nie!

Ale znam ludzi którzy mają inne zdanie w tej sprawie ☺.

Jeszcze inną koncepcję stworzył Carl Gustaw Jung, który wyróżnił dwa przeciwstawne typy. Jednym jest nieśmiały i zamknięty w sobie introwertyk, drugi natomiast to towarzyski i otwarty ekstrawertyk.

Ta koncepcja ma wielu zwolenników. Jest też co najmniej kilka świetnych książek opisujących ten temat.

Z testu, jaki wypełniłem, wynika, że jestem introwertykiem.

Mam szacunek do tej koncepcji, choć mam też pewne wątpliwości. Mimo wszystko polecam analizę tego tematu ☺.

Warto też poświęcić chwilę na poznanie koncepcji temperamentu Marlane Miller.

Moim zdaniem, badaczka ta jest wnikliwą obserwatorką osobowości człowieka, skupiającą się szczególnie na sposobie myślenia jednostki. Zauważyła, że zasadniczo można rozróżnić cztery grupy ludzi: myślicieli, znawców, konceptualistów i rozjemców. Oto, jak je opisała:

Myśliciel. Nie podejmuje decyzji od razu. Najpierw ocenia sytuację i zastanawia się, co można zrobić. Gdyby któreś rozwiązanie niosło ze sobą możliwość konfliktu, będzie dążył do ugody, szukał kompromisu. Nie kieruje się emocjami, bo według niego to nieracjonalne i nie może przynieść niczego dobrego. Ma dobrze rozwiniętą zdolność indukcji, zwraca uwagę na wszystkie szczegóły. W istotnych sprawach nigdy nie zmienia zdania, potrafi planować, a także wyszukiwać różnorodne informacje. Doskonale radzi sobie z analizą i porządkowaniem faktów, gorzej jednak wypada w relacjach międzyludzkich.

Znawca. Reaguje, używając lewej półkuli mózgu. Szybko orientuje się w sytuacji, bez głębszej analizy wyciąga wnioski i podejmuje decyzje. To powoduje, że ma skłonność do upraszczania problemów, myśli w kategoriach czarne–białe. Trudno mu pójść na kompromis. W sytuacjach konfliktowych jest skłonny do konfrontacji, bo wierzy w zwycięstwo. Nie okazuje emocji. Z łatwością dociera do sedna problemu i formułuje proste logiczne wnioski. Przedstawiane przez niego rozwiązania są praktyczne i sensowne, ale nie zawsze uwzględniają potrzeby innych. Stąd wynikają jego kłopoty ze współpracą w grupie.

Konceptualista. Jego reakcje oparte są na pracy obu półkul mózgowych. Angażuje kolejno prawą, lewą i znowu prawą półkulę mózgu. Udziela odpowiedzi ogólnych bądź niejasnych. Intuicyjnie wie, jak rozwiązać dany problem, ma jednak trudności z przekazywaniem swoich przemyśleń innym. Nie zwraca uwagi na detale. Bywa nierozumiany, dlatego raczej stroni od towarzystwa. Cechuje go skłonność do ryzyka. Chętnie schodzi z utartych szlaków. Ten styl myślenia jest typowy dla wizjonerów i wynalazców.

Rozjemca. Rozjemca aktywizuje głównie prawą półkulę mózgu, czyli szybko udziela odpowiedzi, które są oparte zazwyczaj na emocjach. Większą uwagę niż na problemy zwraca na relacje międzyludzkie. Unika konfliktów i konfrontacji. Jest przyjacielski, rozmowny i empatyczny.

Często żałuje swoich wybuchów emocji. Jest nieprzewidywalny i spontaniczny. Niekiedy w jednej chwili diametralnie zmienia własne decyzje i opinie. Z trudnością oddziela fakty od emocji. Nie potrafi być neutralny w ocenach. Kieruje się intuicją, łatwo snuje nowe wizje i znajduje wszelkie możliwe rozwiązania problemów. Może wywierać inspirujący wpływ na innych.

Kim jesteś? Myślicielem? Znawcą? Konceptualistą? Rozjemcą? Dowiesz się po zrobieniu testu. Znajdziesz go w książce Marlane Miller *Style myślenia*[2]. Ponad 20 lat temu przeprowadziłem ten test, stąd wiem, jak się przydaje w poznaniu siebie. W moim przypadku okazało się, że jestem konceptualistą. Nie boję się wchodzić w nieznane obszary, ale miewam kłopoty z przekazywaniem swoich wizji innym. Uświadomienie sobie własnych cech bardzo mi pomogło. Teraz, kiedy chcę przekonać kogoś do nowej idei, staram się dobrze do tego przygotować.

---

[2] M. Miller, *Style myślenia. Zmień swoje życie, nie zmieniając siebie*, Rebis, 2000.

Na tym jednak nie można skończyć poznawania swojej osobowości.

Zdolności pozwalają na uzyskiwanie pomyślnych, a nawet ponadprzeciętnych rezultatów w danej dziedzinie. Człowiek nie może ich nabyć, jest nimi obdarzony. Jednak zdolności tylko w kilku procentach decydują o powodzeniu podejmowanych działań.

Reszta to kwestia cech, które można w sobie rozwinąć. Przykładami są: wytrwałość w dążeniu do celu, wnikliwość pozwalająca znaleźć optymalne rozwiązania i odwaga, dzięki której mamy siłę, by pokonać lęk i podążyć nową drogą.

Na ludzką osobowość składają się także popędy i potrzeby. Popędy to silne, biologicznie uwarunkowane pragnienia człowieka, wymagające zaspokojenia, trudne do opanowania. Potrzeby zaś to stany braków charakteryzujące się odczuwanym psychicznie i fizycznie napięciem domagającym się redukcji. Abraham Maslow ułożył je w hierarchię. Jego zdaniem, w pierwszej kolejności człowiek zaspokaja potrzeby fizjologiczne, potem potrzebę bezpieczeństwa i afiliacji, czyli przynależności, a następnie miłości, szacunku i uznania społecznego oraz samorozwoju. Przy czym trzeba dodać, że zaspokojenie potrzeb niższego rzędu nie musi być całkowite. Świadczą o tym zachowania człowieka w warunkach ekstremalnych. Na przykład mimo pragnienia i głodu potrafi się on podzielić minimalną ilością jedzenia i wody. Zaspokojenie potrzeby przynależności (więzi społecznych) staje się więc ważniejsze od pełnej realizacji potrzeb fizjologicznych.

Zaspokajanie potrzeb nie następuje w dowolny sposób. Każda społeczność wypracowuje własne reguły w tym zakresie. Pozwala to na względnie bezkonfliktowe kontakty między ludźmi. Reguły te mogą być skodyfikowane lub tylko utrwalone zwyczajem społecznym. Przykładami takich kodyfikacji są Dekalog (normy religijne) i przepisy tworzone przez systemy państwowe (normy prawne), zaś tradycję może reprezentować stosunek danej społeczności do osób starszych (normy nieformalne).

Kolejnym składnikiem osobowości są zainteresowania. Skąd się biorą? Rodzą się na styku potrzeb i zdolności, a polegają na podejmowaniu działań przynoszących satysfakcję i zadowolenie. Zainteresowania mogą łączyć się z pracą zawodową lub wypełniać czas wolny.

O ile wymienione wyżej składniki osobowości w dużym stopniu są uwarunkowane genetycznie i niezależne od człowieka, o tyle postawa, chociaż podobnie jak zainteresowania kształtuje się w procesie zaspokajania potrzeb, jest możliwa do nauczenia się. W umyśle każdego z nas, świadomie bądź nie, powstają emocjonalne reakcje na wszystko, czego doświadczamy naszymi zmysłami. Tworzą się one na skutek połączenia wiedzy wynikającej z doświadczeń życiowych ze skłonnością do zachowywania się w określony sposób w stosunku do danego obiektu. W zasadzie możemy wyróżnić trzy rodzaje postaw: akceptację, odrzucenie i postawę obojętną, choć co do tej trzeciej są wątpliwości. Wielu badaczy uważa, że żadna postawa nie może być nazwana obojętną, ponieważ jeśli czegoś nie odrzucamy, to znaczy, że się na to zgadzamy, a zgoda jest już rodzajem akceptacji.

Do postaw będziemy wracać wielokrotnie, gdyż jest to jedno z najważniejszych pojęć psychologii społecznej. I tu mam dla czytelników dwie wiadomości: dobrą i złą. Zła jest taka, że postawa może być źródłem stereotypów i uprzedzeń, szkodliwych i krzywdzących. Dobra – o której już wspominałem – że postawę można wykształcić, czyli świadomie zmienić. Czy widzisz w tym szansę dla siebie?

Ważnym aspektem osobowości, który w dużym stopniu wynika z postawy, jest obraz samego siebie i otaczającego świata. Składa się on z uczuć, wyobrażeń oraz wiedzy o sobie i otoczeniu. Wszystko, co napotykamy na naszej drodze (łącznie z własną osobą), bez przerwy obserwujemy i oceniamy, czy jest zgodne z naszą wiedzą i wyobrażeniami, czy nie. Na dodatek przepuszczamy to jeszcze przez filtr emocji.

Elementami obrazu własnej osoby są przekonania związane z wyglądem, samoocena, oszacowanie możliwości itp.

Na obraz świata składają się opinie na temat otoczenia, stosunek do niego oraz oczekiwania wobec innych ludzi i sytuacji. Łatwo jednak możemy się przekonać, że obraz świata (podobnie jak samego siebie) nie jest niczym trwałym i może się zmienić, jeśli dodamy lub zmienimy któryś z elementów wpływających na nasze widzenie rzeczywistości.

Właściwie prawie nigdy nie możemy być pewni, że mamy wszystkie informacje, żeby rzetelnie ocenić to, co odbieramy zmysłami. Zapach spalenizny może świadczyć o ogromnym pożarze albo... o przypalonym obiedzie. Gorzki smak – to może być trucizna albo... lekarstwo. Odrażający wygląd wskaże na zaniedbanie albo... chorobę. Nie będziesz wiedzieć, póki nie zdobędziesz wystarczająco wielu danych na temat bodźca, który dotarł do Twojego umysłu.

Wpływ na naszą osobowość ma także inteligencja. Zwróć uwagę: inteligencja, a nie poziom IQ!

Kiedyś uważano te określenia za jednoznaczne, jednak współcześni badacze definiują inteligencję zupełnie inaczej, o czym szerzej przeczytasz w drugim rozdziale.

Jak kształtuje się osobowość? Można by odpowiedzieć jednym zdaniem: osobowość kształtuje się pod wpływem otoczenia na bazie cech odziedziczonych po przodkach. O tym, że w genach została zapisana płeć, wzrost, kolor włosów i oczu, wiemy na pewno. Badania wykazują też dziedziczność uzdolnień, skłonności do nałogów, otyłości i agresji. Być może dalsze poszukiwania doprowadzą do odkrycia odpowiedzialności genów za inne cechy naszej natury.

Rodzicom bardzo pomogłyby testy diagnostyczne umożliwiające wczesne poznanie biologicznych czynników osobowości dzieci. Możliwe byłoby wtedy wzmacnianie odziedziczonych cech pozytywnych i wygaszanie cech negatywnych już w najmłodszym wieku. Wiedza ta pozwoliłaby także pokierować wykształceniem potomka tak, aby było zgodne z jego predyspozycjami. W rezultacie dziecko miałoby większe szanse na stanie się człowiekiem szczęśliwym i spełnionym, a o to przecież nam wszystkim chodzi.

Na razie jednak musimy zadowolić się obecnym stanem wiedzy. Wiemy już jednak sporo! Czynniki biologiczne to tylko fundament osobowości. Na jego bazie kształtuje nas aktywność własna i wpływ otoczenia (celowy bądź mimowolny), i to przez całe życie. Kiedyś sądzono, że proces ten kończy się w wieku około 25 lat, teraz wiemy, że trwa aż do śmierci człowieka.

Podstawowe struktury osobowości powstają już w wieku przedszkolnym, jednak wiele istotnych jej elementów pojawia się później. Dopiero w pierwszej fazie wieku szkolnego powstaje system osobowo w pierwszej fazie wieku szko

Bardzo ważnym elementem systemu osobowości staje się samoocena. Jeśli jest wysoka, towarzyszy jej przekonanie o słuszności wyznawanych zasad oraz wartości, koncentrowanie się na teraźniejszości, wiara we własne możliwości, poczucie równości, radość życia i zainteresowanie potrzebami innych ludzi. To wszystko najłatwiej ukształtować w dzieciństwie. Bardzo często jednak rodzice popełniają wiele błędów w wychowywaniu własnych dzieci.

Niektórzy zbyt wysoko stawiają poprzeczkę, budują atmosferę wiecznego współzawodnictwa, raczej karzą niż nagradzają, są zbyt surowi i nie pozwalają na żadne dyskusje, co prowadzi do zaniżonej samooceny. Inni zaś powielają źle rozumiane idee wychowania bezstresowego: nie stawiają granic, nadmiernie pobłażają i rozpieszczają, czego efektem jest samoocena nierzeczywista, zbyt wysoka. Konsekwencje obu krańcowych postaw są dla dziecka bolesne. Trudno mu znaleźć miejsce w społeczeństwie, jest sfrustrowane, a świat zewnętrzny kojarzy mu się głównie ze stresem.

W rozwoju osobowości wyróżniamy kilka momentów przełomowych.

Często mają one charakter kryzysów. Dotychczasowe badania wskazują, że każdy z nas przeżywa osiem takich przełomów w ciągu swego życia. Wszystkie są jednakowo ważne, bo każdy z nich zasadniczo wpływa na jakość egzystencji w kolejnych latach. Który jest najbardziej spektakularny? Na pewno okres dojrzewania. Nieuniknione są wtedy konflikty z otoczeniem, pojawia się wiele dylematów natury filozoficznej i egzystencjalnej.

Młodzi ludzie zadają sobie pytania: „Kim jestem naprawdę?", „Co stanowi sens życia?", „Dokąd zmierzam?".

Dochodzą do tego ważne problemy związane z płciowością. Nastolatki odrzucają świat dorosłych. Rodzice i nauczyciele tracą pozycję autorytetów. Co pojawia się na ich miejscu? Nowe wzorce. Mogą być zgubne – często młodzi szukają ich w środowiskach nieaprobowanych przez rodziców. Wszystko to razem stanowi tygiel, w którym mieszają się sprawy ważne i nieważne. Chwilowe trudności zostają podniesione do rangi najistotniejszych kwestii życiowych, a ważne problemy są spychane na dalszy plan. Z tego chaosu wyłaniają się po kilku latach zręby dojrzałej osobowości. Jest to okres, w którym ustalają się kluczowe indywidualne wartości człowieka. Odtąd będą kierowały jego życiem.

Dojrzewanie kończy się w wieku około 25 lat. Jednak proces kształtowania osobowości, jak już pisałem, trwa do końca życia. Osobowość to struktura dynamiczna. Przeobraża się pod wpływem nowych doświadczeń, a tych przecież nie brakuje. Codziennie dzieje się coś nowego, spotykamy nowych ludzi, przytrafiają się nam nowe sytuacje, podejmujemy nowe wyzwania. Z biegiem lat wiele spraw traci na znaczeniu, inne zaś na nim zyskują. Tak jest na przykład z płciowością człowieka, pragnieniem posiadania dzieci, chęcią zrobienia kariery czy koniecznością zmierzenia się z syndromem „pustego gniazda".

Trudnymi momentami są także wejście w wiek średni i starość. Wielu z nas niełatwo godzi się z upływającym czasem. Menopauza i andropauza zmuszają do refleksji nad egzystencją. Uzmysławiają, że pewien etap życia skończył się nieodwołalnie. Jednak osobowość nadal podlega ewolucji. Kryzys wywołany wycofaniem się z życia zawodowego (nie zawsze na własne życzenie) może spowodować zaburzenia osobowości.

Człowiek czuje się niepotrzebny i odrzucony, nie widzi sensu życia, gorzknieje i zamyka się w sobie. Kobiety przeżywają utratę atrybutów wzbudzających zainteresowanie mężczyzn, mężczyźni zaś chcą utwierdzać się w swej roli poprzez kolejne podboje erotyczne, co często kończy się kryzysem domowym. Przypada on zwykle na i tak trudny okres, kiedy dzieci odchodzą z domu, by prowadzić samodzielne życie, a małżonkowie próbują określić rzeczywistą wartość związku. Czy można coś na to poradzić? Tak! Jeśli zdamy sobie sprawę z możliwości pojawienia się takich problemów oraz z mechanizmów, które nimi rządzą, łatwiej będzie nam przetrwać kryzysy lub pomóc przejść przez nie przyjaciołom.

Trudnym momentem w życiu jest również zakończenie kariery zawodowej. Znajomy opowiadał mi o człowieku, który po przejściu na emeryturę niemal z dnia na dzień stał się zrzędliwy i marudny. Trudno było się z nim porozumieć. Z wyglądu pozostał prawie taki sam.

Miał miłą twarz, wyprostowaną sylwetkę i świetną formę fizyczną. Jednak po odejściu z pracy zmienił swój stosunek do bliskich. To już nie był przyjazny mąż i tata. Najbliżsi irytowali go swoim zachowaniem. Zrobił się drażliwy, nie potrafił śmiać się razem z nimi, nie interesowały go problemy żony i dzieci, nie włączał się w prace domowe, a jeśli się odzywał, to głównie z pretensjami. Rodzina uważała, że to starość przyniosła zmiany w charakterze tego człowieka. Okazało się jednak, że przechodzi on kryzys typowy dla ludzi, którzy kończą karierę zawodową. Najbliżsi postanowili mu pomóc. Najpierw na wiele propozycji odpowiadał niechęcią. Wydawało mu się, że nic dobrego go już nie spotka. Zgodził się w końcu (raczej dla świętego spokoju) uczestniczyć w zajęciach dla ludzi w jego wieku. Okazało się, że to był strzał w dziesiątkę. Starszy pan miał dokąd wyjść, znalazł nowych znajomych, z którymi z przyjemnością spędzał czas. Stał się znowu przyjaznym, ciepłym i miłym członkiem rodziny, z którym można było rozmawiać o wszystkim.

Rozejrzyj się! Zapewne i Ty masz w rodzinie starszą osobę, która straciła pracę lub przeszła na emeryturę. Pomóż jej znaleźć nową formę aktywności. Może to być osiedlowe koło szachowe lub gimnastyka dla seniorów, inny rodzaj pracy albo wolontariat. Wskaż kierunki. Jeśli zainteresujesz starszego człowieka propozycją wyjścia z domu, to wybór zajęcia nie będzie już taki trudny. Ważne, by sprawiało mu to satysfakcję i dawało poczucie przynależności do społeczeństwa mimo zmienionej sytuacji życiowej.

Treści zawarte w tym rozdziale powinny nam uświadomić, że nie można swoich niepowodzeń zrzucać na osobowość, bo choć niektóre jej elementy są niezmienne, to nad innymi możemy z powodzeniem pracować!

Rozdział 2

O co chodzi z tą inteligencją?

Składnikiem osobowości jest inteligencja. Jej definicji jest wiele. Ja skłaniam się ku terminologii zgodnej z teorią inteligencji wielorakich Howarda Gardnera. Według tego badacza, inteligencja jest unikatową kombinacją ośmiu zdolności (do niedawna była mowa o siedmiu, ale lista jest cały czas otwarta!), które określają indywidualny profil każdego człowieka. Wyróżniamy więc inteligencję lingwistyczną (językową), logiczno-matematyczną, muzyczną, wizualno-przestrzenną, kinestetyczną (motoryczną), interpersonalną, intrapersonalną (intuicyjną) oraz naturalistyczną (przyrodniczą).

Co oznacza – rewolucyjna moim zdaniem – teoria Gardnera? Nie ma ludzi nieinteligentnych. Każdy jest uzdolniony, lecz inaczej!

Stopień, w jakim dana zdolność się rozwinie u konkretnego człowieka, w jakiejś mierze zależy od predyspozycji wrodzonych, ale także od środowiska, w jakim się wychował, systemu edukacji i... od tego, czy miał szansę rozpoznać swój talent. Niestety, od lat propagowane testy na inteligencję sprawdzają wyłącznie logiczne myślenie, a to tylko jeden z aspektów tak rozumianej inteligencji. Takim testem można sobie lub dziecku wyrządzić ogromną krzywdę.

Człowiek może się nigdy nie dowiedzieć, że ma talent plastyczny lub muzyczny, za to zapamięta, że nie nadaje się do Mensy, bo jego IQ jest znacznie poniżej normy!

Znajoma opowiadała mi o człowieku, który swój talent rzeźbiarski odkrył już dobrze po trzydziestce. Był nauczycielem wychowania fizycznego w małej szkole i pewnie nie pomyślałby nawet o dłubaniu w drewnie, gdyby nie przypadek. W jego szkole zorganizowano plener dla rzeźbiarzy ludowych i uczniów, którzy pod okiem mistrzów uczyli się posługiwania dłutem.

Zajęcia przyciągały wszystkich. Przeznaczone były dla dzieci, ale zaglądali tam także dorośli. Chwytali klocki lipowe i próbowali wyrzeźbić w nich jakiś kształt. Większość po kilku minutach odchodziła, uznając, że nic z tego nie wyjdzie. Wuefista natomiast wziął dłuto do ręki i tak sprawnie wyrzeźbił pierwszą postać, jakby zajmował się tym od zawsze. W ten sposób odkrył swoją pasję! Było to ponad 20 lat temu. Rzeźbi do dziś, zdobył status twórcy ludowego, a jego prace pokazywane są na wielu wystawach i chętnie kupowane. Czy odkryłby swoje zdolności za pomocą testu badającego IQ? Raczej nie!

Zdolności można odkryć testami sprawdzającymi różne typy inteligencji albo podejmując próby różnych działań. To zazwyczaj pokazuje, w czym dany człowiek może być naprawdę dobry! Jeśli masz dzieci, zwróć na to uwagę! Pozwól im zapisywać się na rozliczne zajęcia, ale pozwól też rezygnować, jeśli dojdą do wniosku, że to nie dla nich! Zgódź się na wielokrotne próby. W ten sposób zwiększasz ich szanse na szczęśliwą przyszłość.

Nieocenioną pomocą są także testy inteligencji wielorakiej, dzięki którym można pomóc dzieciom w znalezieniu drogi życiowej. Poznanie ich wyniku może ułatwić naukę. Czy wiesz, że niektóre dzieci, żeby się czegoś nauczyć, muszą chodzić po pokoju, słuchać głośnej muzyki lub pstrykać długopisem? Rozpraszają się? Wręcz przeciwnie! Tylko w ten sposób mogą się skupić.

Powodzenie poczynań człowieka zależy od poziomu inteligencji emocjonalnej.

Twórca tej teorii Daniel Goleman inteligencją emocjonalną nazywa zdolność rozpoznawania stanów emocjonalnych u siebie i innych ludzi oraz umiejętność używania i kontrolowania własnych emocji, a także radzenie sobie ze stanami emocjonalnymi zaobserwowanymi u innych.

W tym miejscu warto przypomnieć, czym są emocje i co różni je od uczuć. Emocje są proste, krótkotrwałe, powstają gwałtownie pod wpływem silnego bodźca. Przykładem może być gniew, strach, wzruszenie, radość. Mają wyraźne podłoże fizjologiczne. W przeciwieństwie do nich uczucia, których przykładami mogą być przyjaźń, miłość, niechęć czy nienawiść, są trwałe, świadome, niezależne od chwilowego impulsu, choć ich obiekt może się zmienić pod wpływem powtarzalnego bodźca.

Czy chciałbyś nauczyć się panować nad emocjami, wygaszać uczucia negatywne, a rozwijać w sobie uczucia pozytywne? Im większa jest u kogoś umiejętność panowania nad emocjami, tym wyższa jest jego inteligencja emocjonalna.

Inteligencja emocjonalna jest uzupełnieniem intelektualnej, mierzonej tradycyjnie ilorazem inteligencji. W skład inteligencji emocjonalnej, według Daniela Golemana, wchodzą trzy grupy kompetencji:

Kompetencje psychologiczne. Składają się na nie: samoświadomość (umiejętność rozpoznawania własnych stanów emocjonalnych), samoocena (poczucie własnej wartości, wiara we własne siły, świadomość swoich możliwości i ograniczeń) oraz samokontrola (umiejętność opanowywania i kształtowania własnych emocji).

Kompetencje społeczne. Należą do nich: empatia (umiejętność doświadczania stanów emocjonalnych innych osób), asertywność (umiejętność wyrażania własnego zdania i emocji), perswazja (umiejętność wpływania na innych), przywództwo (zdolność tworzenia wizji i motywowania innych do ich realizacji) oraz współpraca (umiejętność współdziałania z innymi).

Kompetencje prakseologiczne. Zaliczamy do nich: motywację (zaangażowanie i wytrwałe dążenie do osiągnięcia celu), zdolności adaptacyjne (umiejętność dostosowywania się do zmian zachodzących w otoczeniu) i sumienność (umiejętność przyjmowania odpowiedzialności za swoje życie i wykonywane zadania oraz konsekwencja w działaniu).

Łatwo zauważyć, że kompetencje psychologiczne odnoszą się do nas samych, społeczne – do naszych kontaktów z innymi, prakseologiczne zaś są cechami umożliwiającymi osiągnięcie wytyczonego celu. Dużo? Dużo! Jednak... Po pierwsze, nie każdy z nas potrzebuje wszystkich kompetencji, choć wiele z nich każdemu z nas się przyda. Jeśli na przykład nie musimy niczym zarządzać, to rozwijanie kompetencji przywódczych nie będzie nam specjalnie potrzebne, nie każdemu też przydadzą się mocno rozwinięte umiejętności perswazyjne. Po drugie, kompetencje dają się wzmacniać. **Może nie zawsze dojdziemy do doskonałości, ale świadomie pracując nad sobą, będziemy w stanie osiągnąć poziom zadowalający.**

Rozdział 3

Pozytywne i negatywne cechy osobowości

Zanim podejmiemy próby kształtowania i wzmacniania naszych cech, zastanówmy się, w jakim miejscu jesteśmy w tej chwili. Które cechy ujawniają się najczęściej w naszym postępowaniu? Czy są pozytywne i chcemy je wzmocnić, czy też przeszkadzają nam w osiągnięciu szczęścia i powinniśmy je wygasić?

Lepiej poradzimy sobie z tym zadaniem, jeśli zapoznamy się z listą cech pozytywnych i negatywnych. Ułatwią nam one analizowanie własnej osobowości. Zacznijmy od cech pozytywnych:

A l t r u i z m. Kierowanie się w postępowaniu dobrem innych, gotowość do poświęceń i udzielanie pomocy potrzebującym.

Ciekawość. Zainteresowanie otaczającym światem i ludźmi, potrzeba ciągłego zdobywania wiedzy i nowych doświadczeń.

Cierpliwość. Znoszenie ze spokojem trudności i przeciwności losu, umiejętność wytrwałego czekania.

Docenianie. Uznawanie wartości (pozytywna ocena) kogoś lub czegoś.

Empatia. Rozpoznawanie uczuć innych ludzi i utożsamianie się z nimi; zdolność do postawienia się w sytuacji drugiego człowieka.

Entuzjazm. Stan emocjonalnego zaangażowania; synonim zapału, gorliwości, żarliwości. Wiąże się z nim także determinacja, motywacja do działania, świadomość życiowego celu oraz pasja.

Hojność. Umiejętność dzielenia się majątkiem.

Lojalność. Uczciwość i rzetelność wobec bliskich, przyjaciół, pracowników, pracodawców itd.

Łagodność. Dobrotliwość, brak surowości w postępowaniu.

Miłość. Bezinteresowne i głębokie uczucie do innych osób, silna więź z bliską osobą lub ideą.

Obowiązkowość. Poczucie odpowiedzialności za przyjęte zadania. Polega na przestrzeganiu reguł, terminów, umów i zobowiązań. Dotyczy także zobowiązań wobec siebie.

Odpowiedzialność. Przyjmowanie na siebie obowiązku troski o kogoś lub o coś. Dotyczy także własnych czynów i świadczy o dojrzałości psychicznej. Człowiek odpowiedzialny zna konsekwencje swojego postępowania i gotów jest je ponieść.

Odwaga. Wypowiadanie się i postępowanie zgodnie z własnymi przekonaniami, nawet jeśli to jest niebezpieczne, trudne lub niewygodne. Pozwala na podejmowanie niepopularnych działań.

Opanowanie. Kontrolowanie swoich myśli, odczuć, odruchów, zachowań i wypowiadanych słów.

Optymizm. Dostrzeganie głównie dobrych stron życia.

Pokora. Świadomość własnej niedoskonałości i umiejętność przyznawania się do błędów.//
Prawdomówność. Jedność myśli i słów.//
Racjonalna oszczędność. Umiejętność gospodarowania pieniędzmi.//
Racjonalna samoocena. Zdolność do realistycznego spojrzenia na siebie w celu rozpoznania swoich możliwości i ograniczeń.//
Radość życia. Odczuwanie zadowolenia nawet z błahych powodów.//
Rozsądek. Zdolność do trafnej oceny sytuacji i dostosowania do niej swojego zachowania.//
Samodzielność. Radzenie sobie z życiowymi zadaniami bez ciągłego korzystania z pomocy innych osób.//
Samokontrola. Panowanie nad swoimi emocjami.//
Skromność. Nieprzecenianie siebie, niezabieganie o rozgłos i sławę, świadomość własnych ograniczeń.//
Takt. Opanowanie, delikatność i umiejętność zachowania się w każdej sytuacji.//
Uczciwość. Rzetelność i jawność w postę-

powaniu, szanowanie cudzej własności i poglądów, niestosowanie oszustwa i kłamstwa.

Wdzięczność. Odczuwanie serdecznych uczuć wobec innych, pragnienie podziękowania i odwzajemnienia się za doznane dobro.

Wiara w siebie i innych. Przekonanie o wartości każdego człowieka oraz o jego dobrych intencjach.

Wrażliwość. Zdolność do dostrzegania problemów innych ludzi i współodczuwania, niechęć do sprawiania innym przykrości.

Wytrwałość. Konsekwencja w dążeniu do celu, niezrażanie się przeciwnościami, niepoddawanie się zniechęceniu.

Życzliwość. Przyjazny i otwarty stosunek do ludzi i świata.

O dojrzałej osobowości mówimy wtedy, gdy potrafimy dostrzec i nazwać charakteryzujące nas cechy. Wiele z nich ceniono już w starożytności. Platon dostrzegał znaczenie rozumu, męstwa, umiaru i sprawiedliwości. Etyka hinduska od dawna na pierwszym miejscu stawiała altruizm i empatię, z czym łączy się zakaz krzywdzenia istot żywych, konieczność współodczuwania i dokonywania dobrych uczynków. W starożytnych Chinach gloryfikowano miłość i szacunek dla starszych, a także umiejętność odpowiedniego zachowania się (znajomość obyczajów i etykiety). Wybitny mędrzec Konfucjusz zalecał, by traktować wszystkich według zasług – z szacunkiem należnym urodzeniu i pozycji społecznej.

Z moich przemyśleń wynika, że dla konkretnego człowieka ważne jest nie tyle ułożenie zalet w hierarchię (jak to czynili starożytni myśliciele), ile świadomość, które z nich dominują w naszej osobowości i jakie to ma konsekwencje.

Okazuje się bowiem, że nawet cechy pozytywne mogą być powodem poważnych życiowych komplikacji. W moim przypadku dotyczyło to optymizmu.

W 1995 roku utworzyłem spółkę akcyjną. Firma miała ogromny potencjał. Planowałem jej rozwój i wierzyłem, że kiedyś wprowadzę ją na giełdę. Zainteresowałem przedsięwzięciem jednego z bardzo zdolnych menadżerów, o wysokich kompetencjach zawodowych. W moim ręku znalazło się 95% akcji spółki. Pozostałe 5% akcji objął mój wspólnik. On też został prezesem spółki. Jestem optymistą (jak się później przekonałem, ta cecha należy do dominujących w moim charakterze). Optymistycznie więc zakładałem, że umiejętności nowego prezesa będą istotnym walorem spółki. Zachłysnąłem się jego kompetencjami twardymi (praktyczną znajomością zasad zarządzania i działaniami operacyjnymi w innym przedsiębiorstwie). Okazało się jednak, że mój optymizm był nadmierny (mogę nawet dodać – naiwny) i wpłynął na zniekształcenie oceny sytuacji. Nie dostrzegłem, że ten człowiek nie potrafi zgodnie współdziałać z innymi. Nie zdobył kompetencji miękkich pozwalających na płynne i bezkonfliktowe kierowanie zespołem. Tuż po uruchomieniu spółki zaczął podległych sobie ludzi traktować przedmiotowo. Nie pomagały żadne rozmowy. Ucinał je krótko: „Postępuję tak, byśmy szybko osiągnęli nasze cele". Nie bardzo wiedziałem, co mam z tym zrobić.

Próbowałem przekonywać, by nie dzielił ludzi na lepszych i gorszych, by nie tylko egzekwował, wymagał i podkreślał porażki, ale zauważał też dobre strony każdego pracownika, doceniał jego osiągnięcia i pomysły, a błędy traktował jako konieczne doświadczenie. Dla niego najważniejsze były zyski, dla mnie wartości. Nie mogłem i nie chciałem im się sprzeniewierzyć. Wiedziałem już, że będziemy musieli się rozstać. Nie zgodził się na to. Jedynym sposobem było rozwiązanie dobrze zapowiadającej się spółki. Kosztowało mnie to bardzo dużo. I w sensie emocjonalnym, i materialnym.

Gdybym w tamtym czasie znał dobrze swoją osobowość, mógłbym przyjrzeć się lepiej różnym aspektom planowanej współpracy i skupić się nie tylko na jej dobrych stronach. Prawdopodobnie potrafiłbym wtedy przewidzieć, że znaczne różnice w poglądach na temat osiągania celów i zupełnie inny system wartości uniemożliwią nam działanie na tym samym obszarze. Nauczyło mnie to przy następnych decyzjach kadrowych korzystać z profesjonalnych analiz, by optymizm, cecha, z której jestem dumny, nie przysłaniał mi rzeczywistości.

Czy Tobie także któraś pozytywna cecha charakteru przysporzyła kłopotów? W jaki sposób sobie to uświadomiłeś? Czy potrafisz już zapobiegać negatywnym skutkom własnych zalet?

Chciałbym zatrzymać się przy trzech cechach, które uważam za szczególnie ważne. Są to: empatia, altruizm i łagodność. Łączy je skierowanie uwagi na innych ludzi.

E m p a t i a. Ktoś kiedyś ładnie powiedział, że to umiejętność odczuwania cudzego bólu we własnym sercu. Czy to jest równoznaczne ze współczuciem? Niezupełnie. Współczucie ma w sobie jakąś domieszkę litości.

Powiedziałbym raczej, że empatia to współodczuwanie, umiejętność rozumienia drugiego człowieka, jego stanu emocjonalnego. Odczuwanie empatii łączy się z chęcią niesienia pomocy i pozwala na nadanie jej odpowiedniej formy. Możesz powiedzieć, że to proste, że każdy przyzwoity człowiek pomaga innym.

Czy wiesz, że nie każda pomoc łączy się z empatią?

Pomaganie to zaspokajanie czyichś potrzeb. Może ograniczać się do form najprostszych: wpłat pieniędzy na jakiś cel pod wpływem impulsu, zrealizowania czyjejś prośby o pomoc, na przykład w przeniesieniu czy przewiezieniu czegoś, załatwienia jakiejś sprawy przy okazji itp. To można zrobić, nie będąc osobą empatyczną. Wystarczy być dobrze wychowanym. Empatia natomiast oznacza wrażliwość na potrzeby drugiego człowieka i pozwala nieść pomoc w celowy i sensowny sposób, choć nie zawsze jest to tak łatwe jak przekazanie datku pieniężnego czy rzeczowego. Empatia niweluje lub osłabia gniew i agresję, a wzmacnia zdolność do kompromisów. Dzięki niej potrafimy sobie wyobrazić, dlaczego nasz oponent zajmuje przeciwne stanowisko. Jesteśmy w stanie rozumieć i wybaczać. Czy już wiesz, dlaczego znalezienie tej cechy w sobie i stałe jej wzmacnianie jest tak ważne?

Jak rozwinąć w sobie tą piękną cechę?

Od czego zacząć? Proponuję, aby zacząć od umiejętności słuchania. Czy potrafisz skupić się na słowach drugiego człowieka? Zastanów się nad tym. Przypomnij sobie, czy zdarzało się, że ktoś swoim opowiadaniem zniecierpliwił Cię lub w czasie rozmowy powiedział z wyrzutem: „Ty mnie nigdy nie rozumiesz!". Jeśli tak, to może słuchasz nie dość wnikliwie. Może się zdarzyć, że ktoś do nas coś mówi, a my rozumiemy to tylko powierzchownie. Ileż razy na przykład w rozmowie małżonków pojawia się tego typu wymiana zdań:

Ona: Czuję się nieszczęśliwa. Jest mi źle.

On: Przecież masz wszystko: pracę, dom, rodzinę. Czego jeszcze chcesz?

Zwykle w tym miejscu rozmowa się kończy lub zmienia w kłótnię. Dlaczego? Bo zabrakło empatii.

Żona przekazała swoje uczucia, a mąż zamknął się przed tą informacją, przedstawił argumenty realistyczne, ale niemające nic wspólnego z odczuciami kobiety. Nie potrafił, a nawet nie usiłował zrozumieć jej problemu. Nie umiał wczuć się w sytuację. Nie zapytał, co jest przyczyną takiego samopoczucia. Pytaniem: „Czego jeszcze chcesz?", wręcz uniemożliwił dialog.

Niestety, takie zachowanie jest bardzo częste. Konsumpcyjne społeczeństwo promuje postawę polegającą na zamykaniu się w świecie własnych potrzeb i nieprzejmowaniu się innymi. A wystarczy słuchać (nie tylko słyszeć!), obserwować (nie tylko widzieć!) i zadawać pytania. Wtedy dowiemy się naprawdę ważnych rzeczy o ludziach i ich pragnieniach. Obserwacja jest istotna, bo pozwala z tonu głosu, mimiki twarzy i postawy ciała wywnioskować, co przeżywa nasz rozmówca. Jest zrozpaczony? Zrezygnowany? Rozzłoszczony? Ma chęć do walki czy pogrąża się w apatii? Sygnały pozawerbalne mogą nam nieraz więcej powiedzieć niż słowa, „słuchajmy" więc nie tylko uszami, ale i oczami. To ważne także dla rodziców, którzy dzięki obserwacji mogą dostrzec pierwsze niepokojące objawy w zachowaniu swoich dzieci i szybko starać się zaradzić problemom. Wiem, trudno o empatię, jeśli to, co robi własne dziecko, nie zgadza się z naszymi wyobrażeniami. Wtedy jednak wrażliwość i zrozumienie najbardziej się przydają.

Warto bowiem zdiagnozować, co się wydarzyło, i pomyśleć, jaka potrzeba nie została zaspokojona, skoro teraz mamy kłopoty?

Wyobrażanie sobie stanów uczuciowych innych ludzi stanie się łatwiejsze, gdy spróbujesz postawić się na ich miejscu. Zapytaj siebie, co Tobie byłoby potrzebne w podobnej sytuacji. Pomyśl, jak mogą czuć się bliscy, gdy ich pragnienia nie zostają zaspokojone. Wyobraź to sobie, wczuj się w ich położenie, spójrz na świat ich oczami. Odpowiedź na pytanie: „Jak pomóc?", przyjdzie sama. Poczujesz ją głęboko w sercu.

Niestety, łatwiej nam osądzać ludzi niż rozumieć ich uczucia. Czy nie lepiej stać się kimś, kto wspiera, kto wzmacnia, dodaje otuchy, pokazuje rozwiązania?

Stephen R. Covey uważał, że powinniśmy być jak latarnie oświetlające innym drogę. Najpierw więc cierpliwie słuchajmy i próbujmy zrozumieć, a dopiero potem zastanawiajmy się wspólnie z potrzebującym nad strategią udzielenia mu pomocy.

Empatii można się nauczyć od innych.

Osobą potrafiącą pomagać umiejętnie była pisarka Helen Keller. W dzieciństwie wskutek choroby Helen straciła wzrok i słuch. Wrócić do normalnego życia pomogła jej (prawie niewidoma) nauczycielka Anne Sullivan. Cierpliwie szukała sposobu na porozumienie z Helen, choćby poprzez „literowanie" słów na jej ręce. Z czasem dziewczynka nauczyła się czytać i pisać brajlem, a potem także mówić. Empatia opiekunki pozwoliła również Helen wczuwać się w sytuację innych i angażować się całym sercem w pomoc ludziom, którzy znaleźli się w trudnym położeniu.

Historia tych dwóch kobiet stała się dla mnie szczególnie ważna, ponieważ moja mama była chora na jaskrę. Była prawie zupełnie niewidoma, więc od najmłodszych lat uczyłem się rozumieć trudną sytuację drugiego człowieka. W dzisiejszych czasach empatia nie jest modna. Słyszymy: „Dbaj o własne sprawy!", „Zaspokajaj swoje potrzeby!", „Masz jedno życie!", „Niech się każdy martwi o siebie". Szkoda! Życie warto dzielić z innymi. Warto rozwijać tę cechę, bo wzbogaca ona osobowość i wzmacnia więzi międzyludzkie.

Z empatią łączy się altruizm. Altruizm to cecha wyjątkowa, godna najwyższego szacunku. Oznacza postawę ukierunkowaną na osiąganie celów pozaosobistych oraz bezinteresowną pomoc. Altruista nie oczekuje żadnej gratyfikacji, zwłaszcza materialnej. Myślę jednak, że ofiara z cząstki siebie złożona drugiemu człowiekowi zawsze zostanie nagrodzona. Dzięki niej będziemy czuć się szczęśliwsi, bogatsi o pozytywną energię, której moc wzrasta z każdym dobrym uczynkiem.

Altruistę cechuje pokora i gotowość do rezygnacji z własnych potrzeb na rzecz innych, jeśli jest taka potrzeba.

Czy to znaczy, że powinniśmy całkowicie zapomnieć o sobie? Albo przestać się cenić? Nie! Altruizm to nie upokarzanie siebie, a tylko rezygnacja z postawy egoistycznej, która stawia na centralnym miejscu w życiu jednostki jej osobiste dążenia i potrzeby. Wrażliwość na innych ludzi i rozumienie przyczyn ich zachowań pozwoli pomóc im w zaspokajaniu potrzeb, nawet jeśli o to nie proszą.

W miejscu pracy postawa altruistyczna wobec podwładnych i współpracowników nie oznacza rezygnacji z wymagań. Uważna obserwacja zespołu umożliwia odróżnienie celowego zaniedbania (co jest naganne) od zwykłych ludzkich pomyłek lub błędów wynikających z braku wiedzy. Taka diagnoza pozwala na sprawiedliwą ocenę sytuacji.

Sprawiedliwość zaś połączona z wyrozumiałością powinna przynieść efekty w postaci identyfikowania się załogi z celami firmy. Więzi między pracownikami a kierownictwem wzmacnia także gotowość przełożonych do udzielania różnego rodzaju pomocy, nawet finansowej, gdyby miało to rozwiązać problemy trapiące pracownika. Czy w Twoim miejscu pracy zaobserwowałeś przejawy postaw altruistycznych? Czy kogoś możesz pod tym względem wyróżnić?

Zbyt często zapominamy o tym, że w rodzinie również jest potrzebny altruizm. Jak się przejawia? Na przykład przez poszanowanie decyzji współmałżonka, wspieranie go w realizacji marzeń, docenianie jego zainteresowań, nawet jeśli się ich nie podziela. To także codzienna wzajemna życzliwość i troska oraz chęć niesienia pomocy osobom spoza rodziny. Dzieci, które obserwują taką postawę, uczą się od najmłodszych lat dbać o bliskich i pomagać potrzebującym. Czy można wspomóc tę naukę? Tak. Wskazując zalety bezinteresownej pomocy i efekty troszczenia się o to, co wspólne! Wyznaczajmy obowiązki odpowiednie do wieku syna lub córki. Nie płaćmy za prace domowe wykonywane dla wspólnego pożytku. Wystarczającą nagrodą niech będzie pochwała i podziękowanie, wyrażone szczerze i z uśmiechem. Warto podkreślać, jak ważna dla całej rodziny jest praca każdego z jej członków. To wzbudza pozytywne odczucia i wzmacnia postawę altruistyczną. Uczmy też dzielenia się z innymi. Młodsze dzieci można zachęcić (nie zmusić!) do oddania kilku zabawek rówieśnikom, którzy mają ich niewiele, starszym zaś zaproponować działanie w ramach wolontariatu w swoim środowisku, na przykład w jednej z organizacji pożytku publicznego. Mimo że altruizm jest nakierowany na innych, to właśnie on może sprawić, że poczujemy się spełnieni i osiągniemy tak upragniony spokój i harmonię. Czy w Twoim życiu jest wystarczająco dużo altruizmu?

Empatii i altruizmowi zwykle towarzyszy **łagodność**. Czy wyobrażasz sobie człowieka rozumiejącego innych ludzi i pomagającego im, a pozbawionego tej cechy? Niekiedy łagodność jest mylona lub łączona ze słabością, jednak nie ma z nią nic wspólnego. To nie tchórzliwa uprzejmość, sentymentalna czułostkowość czy bierny spokój. To bardzo szlachetny przymiot, który łączy się z pojęciem pokory wynikającej z wewnętrznej mocy. Łagodne usposobienie wypływa z siły moralnej.

Prawdziwie wielcy, szlachetni ludzie są zawsze łagodni. To słabość musi zasłaniać się surowością! W relacjach ludzkich łagodność oznacza opanowanie emocji oraz szacunek dla drugiego człowieka. Czym przejawia się jej brak? Nadmierną pobudliwością, porywczością, skłonnością do wszczynania kłótni lub szorstkością. Z czego wynika? Zwykle z poczucia niepewności, braku wiary w siebie i innych, rozgoryczenia lub rozpaczy, a te z kolei na ogół z nierozpoznania lub niewłaściwego rozpoznania wartości nadrzędnych. Dlaczego zachęcam do kształtowania w sobie łagodności? Ponieważ cecha ta pozwala uniknąć wielu kłopotów i umożliwia prowadzenie spokojnego i szczęśliwego życia.

Od czego zacząć? Zacznij od panowania nad gniewem i porywczością. Zdaj sobie sprawę, że to tylko sposób reakcji na sytuację niezgodną z Twoim oczekiwaniem. Stań się obserwatorem samego siebie. Spróbuj zauważyć, kiedy reagujesz najbardziej gwałtownie. Potem poćwicz odsuwanie reakcji. Dobre jest znane od dawna liczenie do dziesięciu lub oddalenie się na kilka minut.

Dotychczas zajmowaliśmy się zaletami. Osobowość człowieka nie składa się jednak z samych zalet. Wszyscy mamy wady, które ujawniają się w różnych sytuacjach w mniejszym lub większym stopniu. Aby spróbować zmierzyć się z nimi, musimy znowu wniknąć w głąb siebie, przypatrzeć się sobie z zewnątrz. Szczere przyznanie się do cech negatywnych nie jest łatwe. Niekiedy niby to robimy, jednak... wybiórczo. Co to znaczy? Przypisujemy sobie pewne wady, ale tylko te, które w naszym mniemaniu nie są takie najgorsze. Łatwiej przyznać się do lekkomyślności, pesymizmu i porywczości niż do chciwości, nieuczciwości i żywienia nienawiści do innych. Skąd taki podświadomy podział?

Gotowi jesteśmy zgodzić się na te wady i słabe strony osobowości, które nie naruszają powszechnych norm moralnych lub norm wynikających z przyjętego systemu wartości.

Wydaje się, że lekkomyślność, pesymizm i porywczość mają mniejszy ciężar niż chciwość, nieuczciwość i nienawiść.

Większość cech negatywnych w jakimś procencie występuje w niemal każdej osobowości.

Przemyśl, czy wśród nich są takie, których w sobie nie akceptujesz, a które mimo wszystko rozwinęły się ponad miarę:

Agresywność. Łatwość słownego lub fizycznego atakowania innych.

Chciwość. Zachłanność, silne pożądanie różnych dóbr, wręcz obsesyjne ich gromadzenie mimo zaspokojenia potrzeb.

Chęć dominacji. Dążenie do uzyskania przewagi nad innymi, decydowania o wszystkim oraz kontrolowania osób i sytuacji.

Egoizm. Przeciwieństwo altruizmu; oznacza nadmierną miłość do samego siebie, kierowanie się wyłącznie własnym dobrem i niezwracanie uwagi na potrzeby innych; egoista wszystko odnosi do siebie i patrzy na świat wyłącznie poprzez pryzmat własnego „ja".

Kłamliwość. Mijanie się z prawdą nawet bez powodu.

Lekkomyślność. Brak rozwagi i rozsądku w postępowaniu, podejmowanie decyzji bez przemyślenia i nieliczenie się z konsekwencjami własnych działań.

Lenistwo. Niechęć do podejmowania i kontynuowania aktywności w różnych dziedzinach, łatwe zniechęcanie się i poddawanie pod najbłahszym pretekstem.

Nienawiść. Silna awersja do ludzi, połączona z chęcią, by przydarzyło się im coś niemiłego.

Nieuczciwość. Nieszczerość intencji, postępowanie mające na celu oszustwo.

Niezaradność. Nieumiejętność radzenia sobie w różnych, nawet prostych, sytuacjach życiowych, często połączona z brakiem samodzielności.

Ordynarność. Nieuprzejme zachowanie wobec innych.

Pesymizm. Dopatrywanie się we wszystkim zła.

Podejrzliwość. Nieufność, doszukiwanie się we wszystkim ukrytych motywów i złych intencji.

Porywczość. Brak kontroli nad własnymi myślami, emocjami i zachowaniami, łatwe i częste popadanie w gniew i złość.

Rozrzutność. Wydawanie pieniędzy bez kontroli i bez potrzeby.

Skąpstwo. Niechęć do dzielenia się z innymi dobrami materialnymi, nawet jeśli zaspokoiło się własne potrzeby.

Snobizm. Udawanie tego, kim się nie jest; naśladowanym jest najczęściej osoba powszechnie znana.

Tchórzostwo. Brak odwagi, nadmierne skupianie się na własnych ograniczeniach, niedociągnięciach i negatywnych okolicznościach, które skutecznie paraliżują aktywność.

Upór (tak zwany ośli). Pozostawanie przy swoim zdaniu bez względu na argumenty i dobro innych.

Wygodnictwo. Lenistwo powiązane z egoizmem, wybieranie postępowania dogodnego dla siebie, nawet kosztem innych.

Zarozumialstwo. Zbytnia pewność siebie, przekonanie o własnej nieomylności i wyższości.

Zawiść. Uczucie zazdrości wobec drugiej osoby dotyczące jej cech osobistych, przedmiotów lub osiągnięć. Polega na tym, że pragniemy, by inna osoba została pozbawiona tych wartości lub byśmy to my je za wszelką cenę posiedli. Jest to bardzo destrukcyjna i wyniszczająca cecha.

Złośliwość. Zachowanie mające na celu sprawienie przykrości innej osobie.

Praca nad osłabianiem wad wygląda zupełnie inaczej niż praca nad wzmacnianiem cech pozytywnych. Pierwszą zasadą jest nieskupianie się na własnych wadach. Nie powiodą się próby pozbycia się czy zniszczenia negatywnych cech charakteru. To wbrew pozorom mogłoby je nawet utrwalić. Co więc robić? Rekomenduję następująca strategię: należy je sobie uświadomić, ale nie ogniskować na nich swoich działań. Lepiej zająć się wzmacnianiem zalet przeciwstawnych zauważonym wadom.

Dopiero to może spowodować, że wady ulegną znacznemu osłabieniu lub nawet całkowicie znikną.

W kwestii wyrabiania w sobie pozytywnych cech osobowości autorytetem może być Benjamin Franklin. Wypracował on metodę, która mu w tym pomagała. Na wykształcenie w sobie lub wzmocnienie jednej zalety poświęcał cztery tygodnie. Czytał o niej i rozmyślał. Szukał definicji, wzorów osobowych, zasięgał opinii innych ludzi. Robił notatki, a potem przeglądał je i weryfikował. To kształcenie przez zanurzenie w wiedzy. Uruchamia podświadomość, która ułatwia wykonanie zadania.

Zalecam wypróbowanie tego sposobu. Wybierz cechę, nad którą chcesz pracować, i przez cztery tygodnie codziennie poświęcaj godzinę na rozmyślanie, czytanie o niej i robienie notatek. Przesiąknięcie tematem może pobudzić do współpracy podświadomość, która będzie pomagała kultywować ten przymiot.

Na koniec tego rozdziału zastanówmy się, jak kształtować swoją osobowość, mając na uwadze wymienione tu pozytywne i negatywne cechy? Dobrym sposobem jest przebywanie z ludźmi, którzy posiadają pożądane przymioty. Cennym źródłem inspiracji może być lektura biografii. Nie karmmy negatywnych cech, nie dostarczajmy im pożywki w postaci kontaktów z toksycznymi osobami, nie wikłajmy się w szkodliwe dla nas sytuacje. Nie słuchajmy i nie powtarzajmy negatywnych, defetystycznych, stereotypowych osądów, które tylko zatruwają umysł. Zastanówmy się nad tym, jakiej muzyki słuchamy, jakie programy telewizyjne i filmy wybieramy, po jakie książki i magazyny sięgamy.

Czy przekazywane w nich treści nie osłabiają nas, nie pogrążają w marazmie? Jeśli tak, to decyzja powinna być natychmiastowa – przestaję oglądać takie programy, słuchać takiej muzyki, czytać takie gazety. Może to być bolesne jak odwyk dla narkomana czy alkoholika, ale w efekcie nasz umysł zostanie oczyszczony z toksyn, które zalegały w nim w wyniku obcowania ze szkodliwymi treściami. Dopiero gdy dokonamy tego przeobrażenia, odrodzimy się i zaczniemy postrzegać świat w kategoriach możliwości.

Rozdział 4

Nawyki dobre i złe

Nawyki... Towarzyszą nam od rana do wieczora. Nawykiem jest codzienne mycie zębów, przygotowywanie śniadania w określony sposób, układanie ubrań na te, a nie inne półki, picie kawy, zanim zabierzemy się do pracy, czytanie przed snem itp. Co to jest nawyk? To jakaś czynność, która przez wielokrotne powtarzanie zautomatyzowała się, i teraz w ogóle nie myślimy o tym, że w danej chwili ją wykonujemy.

Niekiedy nawyki mogą spowodować nieco zabawnego zamieszania w naszym życiu. Czy nigdy nie zdarzyło Ci się włożyć portmonetki do lodówki albo wrzucić kluczyków samochodowych do szafki z butami? Jak to się dzieje? Przeanalizujmy pierwszy przykład. Przynosimy zakupy, zazwyczaj część układamy w lodówce, a część w szafce. Tym razem w lodówce znalazła się też portmonetka. Odruchowo włożyliśmy ją tam, gdzie właśnie trafiło masło, warzywa i mleko.

To oczywiście tylko przykład, ale pokazuje, jak działa nawyk.

Mimo tych nieporozumień bez nawyków żyłoby się nam bardzo ciężko. Czy wyobrażasz sobie, że zaraz po obudzeniu się zaczynasz myśleć: „Co ja teraz mam zrobić?". Analizujesz sytuację: „Słońce za oknem, siódma na zegarze, spać mi się nie chce… No tak, w takim razie czas wstać". Wstajesz. Rozważasz dalej: „I co teraz? Mogę wyjść z sypialni. Gdzie mam iść i po co? Aha, czuję się nieświeżo. Pójdę do łazienki…". I tak w kółko. Codziennie. Minuta po minucie. Analiza za analizą. Podejrzewam, że gdyby nie nawyki, wstawalibyśmy bardzo długo. Nawykowe codzienne działania bardzo upraszczają życie i zdecydowanie skracają czas wykonywania czynności powtarzalnych.

Jeśli przeanalizujemy swój rozkład dnia, to okaże się, że bardzo wiele minut, a nawet godzin zabierają nam nawyki zbędne, które zadomowiły się w naszym umyśle. Co z nimi zrobić? Zmienić! To tylko pozory, że są integralną częścią naszej osobowości. Nawyki kształtują się w nas podczas codziennych czynności. Możemy na nie wpływać. Psychologowie i eksperci w dziedzinie behawioryzmu twierdzą, że nabycie nowego nawyku zajmuje od 20 do 70 dni.

Istotna jest świadomość tego, w jaki sposób nawyk działa.

Kilka lat temu przeczytałem o koncepcji 4D opracowanej przez Briana Tracy'ego, autora wielu poradników motywacyjnych. Zamyka się ona w czterech następujących krokach:

Powód. Powinieneś wiedzieć, dlaczego chcesz pozbyć się starego nawyku i wykształcić nowy. Czy jest Ci to naprawdę potrzebne? Najlepiej wypisz korzyści, jakie przyniesie Ci zmiana nawyku.

Decyzja. Masz przed oczami korzyści? Jesteś przekonany, że chcesz zmiany? Podejmij decyzję! Nie od jutra! Nie od poniedziałku! Teraz!

Determinacja. Powieś kartkę z korzyściami w widocznym miejscu. Dąż do celu mimo trudności i chwilowych zwątpień. Nie daj się zmęczeniu. Nie ulegaj usprawiedliwieniom, które będą pojawiać się chwilami w Twoich myślach.

Dyscyplina. Ustal sam reguły, ale... przestrzegaj ich sztywno. Nie naginaj do sytuacji i nie łam!

Proponuję rozpocząć pracę nad nawykami od pozbycia się nawyku ustawicznego narzekania. Nie jest trudny do wyplenienia, a taka zmiana bardzo ułatwi nam życie. Nawyk narzekania sprawia, że za każdym razem, gdy choćby najmniejsza rzecz nie idzie po naszej myśli, włączamy płytę z niekontrolowanymi negatywnymi wypowiedziami czy myślami o sobie lub innych. Zazwyczaj te powtarzane niczym mantra przekonania są mocno przesadzone. Jak sobie z tym poradzić? Najpierw, jak w każdym przypadku, musimy uświadomić sobie, że właśnie włącza się procedura doprowadzająca do narzekania. Można to zrobić poprzez wizualizację polecenia: „Stop narzekaniu!". Pomocny w tym będzie znak, który warto zapamiętać.

Czy potrafisz wymienić sytuacje, w których najczęściej zaczynasz narzekać? Dzięki uświadomieniu sobie, kiedy to się dzieje, łatwiej Ci będzie znaleźć odpowiednią chwilę, by przypomnieć sobie znak stopu i przerwać ciąg narzekania. Zamiast tracić czas na bezowocne lamenty, zaczniesz szukać wyjścia (co i tak jest konieczne).

Dość często narzekamy nie na sytuację, a na konkretnego człowieka. Czy ten rodzaj narzekania też możemy zablokować? Tak, za pomocą empatii. Jeśli masz coś za złe jakiejkolwiek osobie, spróbuj sobie wyobrazić motywy jej postępowania. Zastanów się, co wtedy czuła? Co było dla niej ważne? Postaraj się po prostu zrozumieć drugiego człowieka. Łatwiej Ci będzie nie chować urazy, co jednocześnie zmniejszy Twoją tendencję do narzekania. Warto pozbyć się skłonności do zbyt łatwych ocen. Naprawdę nie musimy zawsze wszystkiego osądzać. Wyrażajmy swój osąd, jeśli ktoś nas poprosi lub gdy widzimy, że komuś dzieje się krzywda. W innych przypadkach zachowujmy dystans i powstrzymujmy się od wyrażania opinii negatywnych.

Powyższe metody nie zadziałają w przypadku dużo głębiej zakorzenionych nawyków, jakimi są nałogi. Oprócz zwykłego przyzwyczajenia wchodzi tu w grę także uzależnienie fizjologiczne, najczęściej związane z używkami (alkoholem, papierosami, narkotykami), lub psychiczne: zakupoholizm, hazard czy obsesyjne granie w gry komputerowe. Są na świecie osoby, które zerwały z nałogiem bez niczyjej pomocy i nie wróciły już do niego, jednak większości potrzebna jest grupa wsparcia, pomoc specjalisty, a niejednokrotnie kuracja farmakologiczna czy psychoterapia.

Pamiętajmy, że uzależnienia niszczą osobowość i życie człowieka, czyniąc go swoim niewolnikiem. Jeśli masz tego typu problem, zadzwoń do dowolnego ośrodka uzależnień lub skorzystaj z telefonu zaufania. Tam uzyskasz anonimową i rzetelną pomoc.

Ze złymi nawykami i nałogami próbujmy sobie poradzić, gdy tylko zauważymy, że powstały i zaczynają nami rządzić. Im dłużej pozwolimy im działać, tym trudniej będzie się ich pozbyć.

Rozdział 5

Człowiek, którzy poznał siebie

Wielkie wrażenie robi historia **Christophera Nolana**, pisarza, który we wczesnym dzieciństwie przeszedł porażenie mózgowe, w wyniku którego został całkowicie sparaliżowany i nie mógł nawiązać żadnego kontaktu z otoczeniem. Ale jego matka była pewna, że Christopher rozumie, co się wokół niego dzieje, dlatego też uczyła go sama, w domu. Któregoś dnia Nolanowi podano nowe lekarstwo, dzięki któremu mógł on poruszać jednym z mięśni szyi. Zaczął korzystać z urządzenia przymocowanego do głowy, które pozwoliło mu pisać na maszynie. Miał wtedy 11 lat. Bardzo długo uczył się pisać w ten sposób. Na początku wystukanie jednego wyrazu zajmowało mu ponad kwadrans. Christopher był jednak wytrwały i nie poddawał się. Dzięki temu i ogromnemu talentowi, który drzemał w nim od zawsze, w wieku 22 lat został ogłoszony literackim geniuszem. Pierwszą jego książkę opublikowano, gdy miał zaledwie 15 lat. Był to zbiór wierszy i prozy, które kształtowały się w jego umyśle od trzeciego roku życia. Kolejną pozycję stanowiła jego autobiografia, w której wprowadzał czytelnika w świat osoby sparaliżowanej, niemej, niemogącej komunikować się z otoczeniem. Najbardziej zadziwiające jest bogactwo przemyśleń i słownictwa oraz wyjątkowy styl Nolana. Można śmiało powiedzieć, że jego autobiografia to ewenement na skalę światową. Nikt wcześniej nie pisał z taką z szczerością i bez użalania się nad sobą o przeżyciach osoby ciężko upośledzonej na ciele. Za swoje publikacje Christopher otrzymał liczne nagrody, wielu krytyków wypowiadało się o jego pracach z największym entuzjazmem, oceniając je nie ze względu na jego ułomność. Nolan zawsze podkreślał, że litość, jaką często okazuje się osobom upośledzonym i kalekim, jest jednym z uczyć, których nie znosi najbardziej. Właśnie z tego powodu odmówił, gdy hollywoodzki producent zaproponował mu nakręcenie filmu o nim. Nie chciał stać się bohaterem ckliwej opowieści, nad którym litowaliby się widzowie. Mówił, że nauczył się akceptować i kochać siebie dzięki miłości, jaką został otoczony przez rodzinę. Można powiedzieć, że mimo ciężkiego doświadczenia, jakim była jego choroba, był to człowiek szczęśliwy i spełniony. Poznał i zaakceptował siebie, odkrył w sobie ogromny talent, określił swoje życiowe wartości i cele, a potem konsekwentnie dążył do ich osiągnięcia, czerpiąc z tego radość i satysfakcję.

Jego życie i twórczość było inspiracją dla wielu ludzi – Nolan dostawał tysiące listów, w których dziękowano mu za pokazanie prostej prawdy, że życie jest ogromną wartością bez względu na to, w jakiej sytuacji jest człowiek. Najważniejsze jest to, co wypełnia umysł i duszę.

☼

Rozdział 6

Poznaj swoje silne i słabe strony

Istnieją różne koncepcje poznawania osobowości. Do tej pory skupialiśmy się na rozpoznawaniu cech charakteru i metodach ich wzmacniania. Teraz spróbujemy spojrzeć na siebie inaczej i zdefiniować swoje mocne oraz słabe strony. Jeśli chcesz to zrobić precyzyjnie, skorzystaj z internetowego profilu osobowości Clifton StrengthsFinder, opracowanego przez Centrum Badań Międzynarodowych i Szkolenia Instytutu Gallupa. Dzięki użyciu tego narzędzia możesz poznać indywidualny, specyficzny dla Ciebie zbiór pięciu dominujących talentów (nazywanych tam cechami) spośród 34 zdefiniowanych jako występujące najczęściej.

Zanim opracowano Clifton StrenghtsFinder badacze odkryli, że większość ludzi zaskakująco mało wie o sobie, a zwłaszcza o swoich mocnych stronach. Czy też należysz do tej licznej grupy?

Zwykle człowiek zapytany o swoje zalety czuje się nieswojo. Ożywia się dopiero, gdy mowa o wadach. O wadach mówiono mu w domu... żeby się poprawił. O wadach mówiono mu w szkole... żeby się poprawił. O wadach i niedoskonałościach mówi się mu w pracy... żeby się poprawił. To ma swoje skutki! Czujemy się przez cały czas niedoskonali. Mamy wrażenie, że ideał czeka niemal zaraz za progiem, tylko... musimy się poprawić. Poprawa jednak niewiele daje, bo zbyt często skupiamy się na tym, do czego zupełnie nie mamy talentu. Jeśli nie mamy w sobie genu przywództwa, to ukończenie nawet kilkunastu kursów nie zrobi z nas genialnego kierownika, będziemy co najwyżej umiarkowanie dobrzy. Natomiast, jeśli ktoś jest urodzonym przywódcą, to każde szkolenie w tym kierunku, każde doświadczenie i przemyślenie sprawi, że cecha ta będzie się wzmacniać.

Poznanie indywidualnego zbioru dominujących talentów pozwoli na ich rozwinięcie w mocne strony. Talent bowiem, jak pisze jeden z twórców Clifton StrengthsFinde Marcus Buckingham, to jeszcze nie mocna strona, tylko cecha o największym potencjale rozwojowym. Cechy te mogą być bardzo różne, na przykład: komunikatywność, empatia, optymizm, odpowiedzialność. Co w takim razie będzie mocną stroną? Mocna strona to połączenie talentu z wiedzą i umiejętnościami, które zapewnią nam niemal doskonałość w wykonywaniu jakiejś czynności albo zadania. Spełniony powinien być jednak jeszcze jeden warunek – mocnej stronie powinny towarzyszyć pozytywne emocje.

Jeśli robimy coś bardzo dobrze, ale z niechęcią, wyłącznie z poczucia obowiązku, to nie możemy tego nazwać mocną stroną.

Co badacze radzą zrobić ze słabościami? Ignorować? Nie... Nie należy również z nimi walczyć, jednak nie powinniśmy nadmiernie im ulegać. Najlepiej rozwijać w sobie mocne strony, tak aby oddziaływanie tych słabych stało się nieistotne. Można postarać się zmienić obszar działalności. Jeśli na przykład nie jesteś zbyt dokładny, zdarza Ci się zapominać o czymś ważnym lub odkładać sprawy na później, masz niewielkie szanse na uczynienie ze skrupulatności swojej mocnej strony. W takiej sytuacji praca biurowa zawsze będzie Cię męczyć i bardzo wątpliwe, czy przyniesie Ci satysfakcję, mimo że zrobisz wszystko, by wykonywać ją perfekcyjnie. Obruszasz się? Uważasz, że w takiej sytuacji nikt nie wybrałby tego zajęcia? Na pewno? To dlaczego spotykamy lekarzy, nauczycieli, polityków, urzędników, a nawet aktorów, o których można powiedzieć wszystko, tylko nie to, że są szczęśliwi i spełnieni.

Gdy Bill Gates dostrzegł, że zarządzanie firmą nie sprawia mu takiej satysfakcji jak praca programisty, znalazł do tych działań wspólnika. I to była mądra decyzja!

Reasumując, warunkiem spełnienia jest poznanie dominujących talentów i doskonalenie ich poprzez zdobywanie odpowiedniej wiedzy i umiejętności. Zapewne już w szkole zauważyłeś, że pewnych przedmiotów uczyłeś się łatwo i z przyjemnością, a w trakcie nauki potrafiłeś zapomnieć o upływającym czasie. Za to opanowanie innych kosztowało Cię ogromnie dużo wysiłku, a efekty były mierne. W dorosłym życiu także są czynności, które opanowujemy szybko i mimowolnie, zaś nauczenie się innych przychodzi nam z trudnością i nie sprawia żadnej radości. Po tym rozpoznajemy, czy mamy do czegoś talent, czy też nie. Dominujące talenty mogą się ujawnić same, jeśli tylko będziemy potrafili siebie obserwować. Czy warto to robić? Tak, jeśli wiesz, że to w nich drzemie Twój potencjał, Twoja siła. Opłaci Ci się to nie tylko w życiu zawodowym, ale i osobistym.

Czy w budowaniu mocnych stron istnieją ograniczenia? Niestety, tak. Najczęściej przeszkodą jest niechęć do zmiany, obawa przed porażką, trudności w zaakceptowaniu prawdy.

Czy łatwo na przykład przyznać się przed sobą, że obowiązkowość nie jest cechą dominującą naszej osobowości? Im wyższe stanowisko, im więcej mamy lat, tym trudniej pogodzić się z różnymi niezupełnie pozytywnymi stwierdzeniami na swój temat. Chyba że zacznie nam zależeć na prawdziwej samoocenie. Czy już do tego dojrzałeś? Czy wierzysz w sens koncentrowania się na swoich mocnych stronach?

Dzięki doskonaleniu talentów i zaprzestaniu ciągłej walki ze słabościami zaczniemy wreszcie robić to, w czym jesteśmy dobrzy, co da nam szansę na osiągnięcie szczęścia. Praca nad doskonaleniem talentów przynosi lepsze efekty niż próby poprawiania słabych stron na siłę. Czy to znaczy, że nie powinniśmy zajmować się wzmacnianiem cech, w które zostaliśmy wyposażeni mniej szczodrze? Nie! Niekiedy jest to przydatne lub nawet konieczne z punktu widzenia naszych życiowych celów. Często jednak nie ma potrzeby, by usiłować dojść do ideału w obszarach niebędących naszą domeną. Wystarczy osiągnąć poziom, który nie będzie blokował dalszego rozwoju. Z niektórymi słabościami możemy sobie poradzić poprzez szukanie sposobów utrzymywania ich w ryzach. O jakich słabościach mówię? O złych emocjach, które zgodnie ze słowami Seneki mogą utrudniać rozwój cnót, na przykład: zawiść, lęk, obawa czy pożądliwość.

Sam z przyjemnością poddałem się analizie i wypełniłem test Clifton StrenghtsFinder. Jakie otrzymałem wyniki? Otóż okazało się, że głównymi cechami mojej osobowości są: ukierunkowanie, osiąganie, maksymalizm, dowodzenie i bliskość.

Ukierunkowaniem nazywamy potrzebę koncentrowania się na określonym celu i obranie ściśle wytyczonego kierunku. Osoby z tą cechą często analizują swoje działania i rezygnują z tych, które nie prowadzą do realizacji zamierzeń. Jako kolejną cechę, która może mi posłużyć do budowania mocnej strony osobowości, Clifton StrenghtsFinder wskazał osiąganie. To oznacza, że mam silną potrzebę przemieniania zamierzeń w rezultaty. Clifton StrenghtsFindet określił mnie też jako maksymalistę. Dopatrzył się we mnie silnego dążenia do doskonałości i perfekcji. Ostatnią cechą jest dowodzenie.

Wynik testu w 90 procentach się zgadzał z tym, co myślałem na swój temat.

Sądzę, że w obecnej chwili wymienione cechy mogę już nazwać moimi mocnymi stronami i opierać na nich dalsze działania.

Jeśli skoncentrujesz się na swoich mocnych stronach, zyskasz pewność, zdecydowanie i siłę, które ułatwiają poruszanie się w świecie i podejmowanie trafnych decyzji. Nie licz jednak na to, że wyniki testów dadzą Ci jednoznaczną odpowiedź, w jakiej dziedzinie będziesz miał osiągnięcia. Osoby z cechami podobnymi do Twoich mogą z powodzeniem spełniać się w różnych branżach. Wybór należy do Ciebie.

Twoje miejsce jest tam, gdzie się dobrze czujesz, gdzie robisz to, co lubisz i do czego masz predyspozycje. Wykorzystanie profilu mocnych stron pomoże Ci osiągnąć szczyt w wybranym obszarze i wskaże, jaką rolę możesz tam odgrywać z największym pożytkiem dla siebie i innych.

☼

Rozdział 7

Słownictwo – budulec naszej osobowości

> Słowa mają ogromną moc. Potrafią inspirować, ale też ranić, a nawet wywoływać wojny. Nasze przekonania zawsze ubrane są w słowa, to za ich pomocą myślimy i wyrażamy myśli.

Niewielu ludzi zdaje sobie sprawę z tego, jak silną bronią dysponuje dzięki językowi. Właściwy dobór słów może budować, motywować, budzić wiarę i optymizm, natomiast zły niszczy, zniechęca i prowadzi do porażki. Dlatego zachęcam Cię do przeanalizowania języka, jakim się posługujesz, i zastanowienia się, czy nie dominuje w nim słownictwo odpowiedzialne za „podcinanie skrzydeł". Przemyśl, jaki pod tym względem jesteś. Znajdź chwilę na wypisanie słów, których używasz najczęściej, potem zastanów się, jakie budzą w Tobie uczucia.

Jeśli negatywne – pesymizm, zniechęcenie, smutek, irytację – to znak, że nie są to dobre słowa. Zalecam je po prostu wyeliminować z codziennego słownika i zastąpić ich pozytywnymi odpowiednikami. Pozostaw te słowa, które uskrzydlają, wywołują radość i entuzjazm. Poszukaj ich synonimów i używaj na co dzień jak najczęściej. Zamiast nazywać niepowodzenie porażką, powiedz sobie, że otrzymałeś właśnie cenną lekcję. Chwal siebie. Nie mów: „Nieźle mi poszło", powiedz: „To prawdziwy sukces". Zastanów się także, jak zwracasz się do innych. Jeśli używasz w odniesieniu do nich słów obraźliwych i niemiłych, zmień to. Zastępując pejoratywnie nacechowane słownictwo pozytywnym, poprawiasz nie tylko swój sposób mówienia, ale także swoje uczucia i emocje, a w konsekwencji całe życie. Ważne jest także wzbogacanie słownictwa, gdyż wpływa to na każdą sferę Twojego życia.

Dobór słów determinuje też w pewnym stopniu to, co nas spotyka, czyli nasze przeznaczenie. Dlatego warto świadomie kontrolować i ukierunkowywać ten proces. Zagadnienie słownictwa omawiane jest szeroko w wielu publikacjach, np. w książce Anthony'ego Robbinsa *Obudź w sobie olbrzyma*[3]. Aby zdiagnozować siebie pod tym względem, wykonaj pewne ćwiczenie. Wypisz wszystkie pozytywne Twoim zdaniem słowa, których używasz na co dzień, i przeanalizuj je pod kątem ich prawdziwego wydźwięku. Może się bowiem okazać, że zwroty, które wydają Ci się dobre, w rzeczywistości odpowiadają za niepowodzenia i blokady, które nie pozwalają Ci osiągnąć sukcesu.

Mówisz na przykład: „Wydaje mi się, że dam radę". I jesteś przekonany, że to bardzo motywujące sformułowanie. Jednak w rzeczywistości wyraża ono brak pewności i wiary we własne

---

[3] A. Robbins, *Obudź w sobie olbrzyma*, Studio Emka, 2009.

możliwości. Na co dzień powinieneś używać około 30 słów, które mają faktycznie pozytywny wydźwięk. Jeśli okaże się, że jest ich mniej, postaraj się świadomie zastąpić negatywne słowa pozytywnymi i włączyć je na stałe do swojego słownika.

W poniższym zestawieniu prezentuję kilka przykładów zwrotów negatywnych oraz ich pozytywnych zamienników. Na ich podstawie możesz sam wymyślać inne, nawet bardziej entuzjastyczne sformułowania.

Zwrot negatywny	Zwrot pozytywny
To się nie uda.	Przeanalizujmy, jakie mamy możliwości.
To jest niemożliwe.	Zobaczmy, co w tej materii osiągnęli inni.
Jesteś głupi.	To co mówisz, brzmi nierozsądnie.
Jakoś mi poszło.	To był wielki sukces

Na pewno nie dam rady.	Mam wiele atutów, dzięki którym powiedzie mi się.
Wątpię, żebym to osiągnął.	Przeanalizuję możliwości i swoje mocne strony i opracuję strategię osiągnięcia celu.
Znowu się nie udało.	Bardzo się staraliśmy, ale niestety tym razem nie udało się w pełni osiągnąć celu.
To moja wina, jestem do niczego.	Sprawdzę, jakie popełniłem błędy, żeby w przyszłości ich nie powtarzać, a następnym razem na pewno pójdzie mi lepiej.

Wnioski: Wpływaj sam świadomie na rozwój swojej osobowości poprzez używanie w myślach odpowiednich słów, które będą tworzyły właściwe nastawienie do rzeczywistości. Pamiętaj że postawa jest Twoim wyborem. Ona wszystko zmienia. Postawa jest w mojej ocenie darem który sami możemy kontrolować.

Rozdział 8

Jesteś sową czy skowronkiem? I co z tego wynika?

Nieraz daje się nam to we znaki: Chcemy posiedzieć dłużej z przyjaciółmi, obejrzeć wyczekiwany film późno w nocy, a tu oczy nam się zamykają i ani rusz nie potrafimy przełamać tego stanu. Albo musimy wstać wcześniej niż zwykle, dźwięk budzika gwałtownie wyrywa nas z błogiego snu i informuje, że dobre chwile odpoczynku się skończyły. To nie jest przyjemne.

Już wiesz, o czym będzie mowa! O zegarze biologicznym. Taki wewnętrzny zegar funkcjonuje w każdym z nas. Dzięki niemu wstajemy rano i zasypiamy wieczorem. Od niego zależy nasza zdolność do wykonywania pracy umysłowej i fizycznej o określonej porze, poziom aktywności, a nawet apetyt i wiele różnych funkcji organizmu. Rozumiesz więc, że niemożliwe jest utrzymanie wysokiej formy przez 24 godziny na dobę. Od czego zależy, kiedy jest najwyższa? Niestety, nie od siły woli. To procesy zachodzące wewnątrz naszego organizmu regulują rytm jego działania. Powinniśmy je poznać i nauczyć się funkcjonować zgodnie z nimi.

Wyróżniamy dwa zasadnicze typy ludzi w zależności od ich rytmu dziennego: sowy (nocne marki) i skowronki (ranne ptaszki). Sowy nie lubią wczesnego wstawania. Trudno im wmusić w siebie jakiekolwiek śniadanie. Budzą się długo i z oporami wchodzą w rytm dzienny. Za to wieczorem ich aktywność zdecydowanie wzrasta. Mogą być wtedy efektywne i twórcze. Żadna godzina nie jest dla nich zbyt późna, żeby rozpocząć działanie. Skowronki przeciwnie. Ludzie tego typu wstają rano z przyjemnością i od razu rozpoczynają krzątaninę. Codzienna toaleta, przygotowanie śniadania czy wyjście do pracy nie sprawiają im trudności. Funkcjonują już od rana na dość wysokich obrotach. Kulminacja następuje koło południa. Potem ich aktywność stopniowo spada. Wieczorem za to nie są w stanie podjąć żadnej pracy. Ta pora doby kojarzy im się wyłącznie z odpoczynkiem i przygotowaniem do snu.

To są typy krańcowe. Nie każda sowa kładzie się spać nad ranem i nie każdy skowronek wstaje o bladym świcie. Wpływ na te zachowania mają indywidualne cechy organizmu. Należą do nich reakcja na światło oraz zdolności przystosowawcze zegara biologicznego.

Są osoby, które każdego dnia wstają z kurami. Nawet jeśli sen nie przyniesie im pełnego odpoczynku, bo na przykład zbyt późno położyły się spać, zawsze budzą się, gdy za oknem zaczyna się robić jasno (czyli latem wcześniej, zimą później). Trudno im też usnąć w długi letni wieczór, zanim na dworze naprawdę się ściemni.

Zegar biologiczny reguluje nie tylko okresy czuwania i snu nocnego. W obu tych cyklach zachodzą dodatkowe zmiany aktywności. Dlatego też w niektórych godzinach pracuje nam się dobrze, w innych wszystkie czynności wykonujemy wolniej i mniej sprawnie, a niekiedy organizm wyraźnie domaga się chociaż chwili snu. Dobrodziejstwo drzemki doceniane jest w krajach południowych, gdzie tak zwanej sjeście sprzyja też pogoda. Gorąco sprawia, że wczesnym popołudniem trudno czymkolwiek się zajmować, więc wszyscy chowają się w cieniu i odpoczywają przed drugim okresem aktywności, który przypada na wieczór. Jeśli poznasz swój rytm biologiczny, możesz spróbować dostosować do niego codzienne czynności. To bardzo ułatwia życie.

Wiem, że nie zawsze można tak zrobić. Wielu ludziom trudno w ciągu dnia znaleźć czas na regularne posiłki (które powinny być ważną zasadą), a co dopiero na dostosowywanie się do zegara biologicznego, choć w konsekwencji bardzo się to opłaca. Człowiek, który słucha rytmu swojego organizmu, częściej postrzega życie jako satysfakcjonujące i szczęśliwe. Nawet spory wysiłek fizyczny lub umysłowy nie powoduje w nim nadmiernego zmęczenia czy rozdrażnienia. Chętniej prowadzi życie towarzyskie i znajduje więcej czasu dla rodziny.

Jeśli jest taka konieczność, możemy spróbować przestawić swój zegar biologiczny. Niektórym przychodzi to z łatwością. Potrafią przystosować się do pracy w nocy lub nie odczuwają zbyt długo zmęczenia wynikającego ze zmian stref czasowych podczas długiej podróży samolotem. Wielu z nas ma jednak z tym kłopoty. W takim przypadku przestawianie się na inny plan dnia powinno być stopniowe. Jeśli od razu spróbujemy na przykład położyć się spać trzy godziny wcześniej niż normalnie i będziemy chcieli trzy godziny wcześniej wstać, prawdopodobnie się to nie powiedzie. Organizm nie będzie potrafił przejść nagle ze stanu aktywności w stan snu nocnego. Ten proces przebiega falowo, nie skokowo. Uśniemy więc mniej więcej o zwykłej porze, a będzie nam niezwykle trudno wstać wcześniej. Jeśli jednak przygotujemy się do zmiany i przez kilka dni będziemy przesuwać porę zasypiania, by kłaść się spać pół godziny wcześniej (zachowując wszelkie wieczorne nawyki), po jakimś czasie organizm się przystosuje. Oczywiście, możliwe jest też stopniowe przeniesienie okresu aktywności na godziny późnonocne, a odsypianie w dzień.

Twój zegar biologiczny. Jak żyć z nim w zgodzie[4] Jamesa Waterhouse'a, Maureen Waterhouse i Davida Minorsa – tę książkę warto przeczytać. Jest w niej m.in. test pozwalający określić indywidualny rytm, a także praktyczne wskazówki, jak go trochę zmienić.

---

[4] J. Waterhouse, M. Waterhouse, D. Minors, *Twój zegar biologiczny. Jak żyć z nim w zgodzie*, Książka i Wiedza, 1993.

Rozdział 9

Praca nad kształtowaniem nowych cech

Niektórzy odczuwają brak cech charakteru, które uważają za wartościowe i potrzebne. Takie odczucia zdarzają się chyba każdemu. Przedstawię prostą receptę na kształtowanie w sobie pożądanych cech. **Zawsze zaczynajmy od definicji problemu oraz celu, do którego dążymy.** To powszechna zasada, która obowiązuje zarówno w świecie wielkiego biznesu, jak i w sferze spraw osobistych. Ważne jest używanie precyzyjnych terminów i unikanie niedomówień. Aby coś zdefiniować, należy sięgnąć do wiarygodnych źródeł informacji, dlatego **poszukaj mentora czy autorytetu, który będzie Twoim wzorem i doradcą.** Nie musisz spotykać się z nim osobiście, możesz także poznać go poprzez książkę, film czy tekst w Internecie.

Idealną sytuacją byłaby wizyta u zawodowego trenera lub osobistego doradcy, ale jeśli nie ma takiej możliwości, bardzo pomocne mogą okazać się ogólnie dostępne poradniki na ten temat.

Kolejnym krokiem jest opracowanie planu pracy nad wytworzeniem w sobie pożądanej cechy. Powinien on uwzględniać mniejsze cele pośrednie, a także okresową ocenę realizacji celu właściwego. To znaczy, że pracując nad daną cechą, należy wyznaczać sobie kolejne etapy. Pokonanie każdego z tych etapów to dotrzymanie obietnicy danej samemu sobie i kolejny krok przybliżający do właściwego celu, którym jest pogłębienie własnej wrażliwości. Co pewien czas powinieneś zatrzymać się w tym procesie i zastanowić, co do tej pory zrobiłeś.

Dobrze jest też znaleźć przyjaciela, który pomoże Ci w ocenianiu postępów. Musi to być osoba życzliwa i dyskretna, ale jednocześnie szczera, która nie obawia się mówić wprost nawet niezbyt przyjemnej prawdy. Jeśli pracujesz nad daną cechą przez około 30 dni, to po zakończeniu tego okresu dobrze jest wracać co kilka miesięcy do niektórych ćwiczeń, by utrwalić rezultat.

Refleksje końcowe

Znalezienie odpowiedzi na pytania: „Kim jestem?", „Z jakim darem się urodziłem?", „Co muszę zaakceptować, a co mogę zmienić w swojej osobowości?", nie jest łatwe. Opisałem niektóre metody poznawania siebie i wskazałem, dlaczego warto to robić. Powinieneś jednak pamiętać, że charakterystyka osobowości uzyskana w samodzielnie przeprowadzonych testach jest tylko przybliżona. Trudno bowiem o pełen obiektywizm podczas samoobserwacji i samooceny. Warto więc także skorzystać z konsultacji u doświadczonego psychologa.

Osobowość możesz poznać jedynie pośrednio, ponieważ manifestuje się ona poprzez zachowania. Jej obraz może zaciemnić stres lub złe samopoczucie wynikające na przykład z choroby. Jeśli chcesz znaleźć charakterystyczne cechy swojego temperamentu, określić typ inteligencji i naturalne predyspozycje, powinieneś nie tylko przeprowadzać testy, ale też stale się obserwować. I nabrać dystansu do swoich zachowań. I zastanawiać się nad reakcjami. Dopiero takie przyjrzenie się sobie da Ci możliwość wiarygodnej samooceny.

Dlaczego warto podjąć ten trud? Znajomość siebie pozwala świadomie kształtować życie. Gdy już poznasz swoją osobowość (będziesz mógł wskazać swoje wady i zalety, mocne i słabe strony, talenty i predyspozycje, czyli ogólnie mówiąc, potencjał, jakim dysponujesz), spróbuj stworzyć obraz siebie w przyszłości. Wyobraź sobie, jaki chcesz się stać w każdej sferze życia: zawodowej, rodzinnej, osobistej (w tym duchowej). Zacznij się uczyć, jak tego dokonać, ale nie traktuj swego umysłu jak śmietnika, nie wrzucaj tam byle czego. Wkładaj tylko perły i brylanty, bo to, co do niego przenika, staje się częścią Ciebie i objawia się poprzez myśli, słowa, decyzje i zachowania.

Nigdy nie mów, że jest za późno. Zawsze – powtarzam, zawsze – jest dobra pora na zmiany, najlepsza, jaka mogła Ci się zdarzyć.
Co możesz zapamiętać?

1. Uwierz, że kluczem do rozwoju i osiągnięcia spełnienia jest gruntowne poznanie siebie.
2. Dąż do jak najlepszego poznania cech swojego charakteru, mocnych i słabych stron, predyspozycji poprzez zastosowanie odpowiednich testów – inteligencji i psychologicznych.
3. Określ typ swojego temperamentu oraz styl myślenia.
4. Skorzystaj z Profilu StrenghtsFinder opracowanego przez Instytut Gallupa, by poznać dominujące cechy swojej osobowości.
5. Pracuj na słownictwem i używaj go tak, by stał się językiem sukcesu.
6. Poznaj rytm swojego zegara biologicznego i zmieniaj jego nastawienie w zależności od potrzeby.
7. Pracuj nad kształtowaniem nowych cech zgodnie z moimi wskazówkami.

8. Zacznij już dziś, podejmij decyzję, by poznać siebie jak najlepiej w każdym aspekcie, bo ta wiedza pozwoli Ci osiągnąć szczęście.

Bibliografia

Albright M., Carr C., *Największe błędy menedżerów*, Warszawa 1997.

Allen B.D., Allen W.D., *Formuła 2+2. Skuteczny coaching*, Warszawa 2006.

Anderson Ch., *Za darmo: przyszłość najbardziej radykalnej z cen*, Kraków 2011.

Anthony R., *Pełna wiara w siebie*, Warszawa 2005.

Ariely D., *Zalety irracjonalności. Korzyści z postępowania wbrew logice w domu i pracy*, Wrocław 2010.

Bates W.H., *Naturalne leczenie wzroku bez okularów*, Katowice 2011.

Bettger F., *Jak umiejętnie sprzedawać i zwielokrotnić dochody*, Warszawa 1995.

Blanchard K., Johnson S., *Jednominutowy menedżer*, Konstancin-Jeziorna 1995.

Blanchard K., O'Connor M., *Zarządzanie poprzez wartości*, Warszawa 1998.

Bogacka A.W., *Zdrowie na talerzu*, Białystok 2008.

Bollier D., *Mierzyć wyżej. Historie 25 firm, które osiąg-

nęły sukces, łącząc skuteczne zarządzanie z realizacją misji społecznych, Warszawa 1999.

Bond W.J., *199 sytuacji, w których tracimy czas, i jak ich uniknąć*, Gdańsk 1995.

Bono E. de, *Dziecko w szkole kreatywnego myślenia*, Gliwice 2010.

Bono E. de, *Sześć kapeluszy myślowych*, Gliwice 2007.

Bono E. de, *Sześć ram myślowych*, Gliwice 2009.

Bono E. de, *Wodna logika. Wypłyń na szerokie wody kreatywności*, Gliwice 2011.

Bossidy L., Charan R., *Realizacja. Zasady wprowadzania planów w życie*, Warszawa 2003.

Branden N., *Sześć filarów poczucia własnej wartości*, Łódź 2010.

Branson R., *Zaryzykuj – zrób to! Lekcje życia*, Warszawa-Wesoła 2012.

Brothers J., Eagan E, *Pamięć doskonała w 10 dni*, Warszawa 2000.

Buckingham M., *To jedno, co powinieneś wiedzieć... o świetnym zarządzaniu, wybitnym przywództwie i trwałym sukcesie osobistym*, Warszawa 2006.

Buckingham M., *Wykorzystaj swoje silne strony. Użyj dźwigni swojego talentu*, Waszawa 2010

Buckingham M., Clifton D.O., *Teraz odkryj swoje silne strony*, Warszawa 2003.

Butler E., Pirie M., *Jak podwyższyć swój iloraz inteligencji?*, Gdańsk 1995.

Buzan T., *Mapy myśli*, Łódź 2008.

Buzan T., *Pamięć na zawołanie*, Łódź 1999.

Buzan T., *Podręcznik szybkiego czytania*, Łódź 2003.

Buzan T., *Potęga umysłu. Jak zyskać sprawność fizyczną i umysłową: związek umysłu i ciała*, Warszawa 2003.

Buzan T., Dottino T., Israel R., *Zwykli ludzie – liderzy. Jak maksymalnie wykorzystać kreatywność pracowników*, Warszawa 2008.

Carnegie D., *I ty możesz być liderem*, Warszawa 1995.

Carnegie D., *Jak przestać się martwić i zacząć żyć*, Warszawa 2011.

Carnegie D., *Jak zdobyć przyjaciół i zjednać sobie ludzi*, Warszawa 2011.

Carnegie D., *Po szczeblach słowa. Jak stać się doskonałym mówcą i rozmówcą*, Warszawa 2009.

Carnegie D., Crom M., Crom J.O., *Szkoła biznesu. O pozyskiwaniu klientów na zawsze*, Waszrszawa 2003

Cialdini R., *Wywieranie wpływu na ludzi*, Gdańsk 1998.

Clegg B., *Przyspieszony kurs rozwoju osobistego*, Warszawa 2002.

Cofer C.N., Appley M.H., *Motywacja: teoria i badania*, Warszawa 1972.

Cohen H., *Wszystko możesz wynegocjować. Jak osiągnąć to, co chcesz*, Warszawa 1997. r Covey S.R., 3. rozwiązanie, Poznań 2012.

Covey S.R., *7 nawyków skutecznego działania*, Poznań 2007.

Covey S.R., *8. nawyk*, Poznań 2006.

Covey S.R., Merrill A.R., Merrill R.R., *Najpierw rzeczy najważniejsze*, Warszawa 2007.

Craig M., *50 najlepszych (i najgorszych) interesów w historii biznesu*, Warszawa 2002.

Csikszentmihalyi M., *Przepływ: psychologia optymalnego doświadczenia*, Wrocław 2005

Davis R.C., Lindsmith B., *Ludzie renesansu: umysły, które ukształtowały erę nowożytną*, Poznań 2012

Davis R.D., Braun E.M., *Dar dysleksji. Dlaczego niektórzy zdolni ludzie nie umieją czytać i jak mogą się nauczyć*, Poznań 2001.

Dearlove D., *Biznes w stylu Richarda Bransona. 10 tajemnic twórcy megamarki*, Gdańsk 2009.

DeVos D., *Podstawy wolności. Wartości decydujące o sukcesie jednostek i społeczeństw*, Konstancin-Jeziorna 1998.

DeVos R.M., Conn Ch.P., *Uwierz! Credo człowieka czynu, współzałożyciela Amway Corporation, hołdującego zasadom, które uczyniły Amerykę wielką*, Warszawa 1994.

Dixit A.K., Nalebuff B.J., *Myślenie strategiczne. Jak zapewnić sobie przewagę w biznesie, polityce i życiu prywatnym*, Gliwice 2009.

Dixit A.K., Nalebuff B.J., *Sztuka strategii. Teoria gier w biznesie i życiu prywatnym*, Warszawa 2009.

Dobson J., *Jak budować poczucie wartości w swoim dziecku*, Lublin 1993.

Doskonalenie strategii (seria *Harvard Bussines Review*), praca zbiorowa, Gliwice 2006.

Dryden G., Vos J., *Rewolucja w uczeniu*, Poznań 2000.

Dyer W.W., *Kieruj swoim życiem*, Warszawa 2012.

Dyer W.W., *Pokochaj siebie*, Warszawa 2008.

Edelman R.C., Hiltabiddle T.R., Manz Ch.C., *Syndrom miłego człowieka*, Gliwice 2010.

Eichelberger W., Forthomme P., Nail F., *Quest. Twoja droga do sukcesu. Nie ma prostych recept na sukces, ale są recepty skuteczne*, Warszawa 2008.

Enkelmann N.B., *Biznes i motywacja*, Łódź 1997.

Eysenck H. i M., *Podpatrywanie umysłu. Dlaczego ludzie zachowują się tak, jak się zachowują?*, Gdańsk 1996.

Ferriss T., *4-godzinny tydzień pracy. Nie bądź płatnym niewolnikiem od 7.00 do 17.00*, Warszawa 2009.

Flexner J.T., Waschington. *Człowiek niezastąpiony*, Warszawa 1990.

Forward S., Frazier D., *Szantaż emocjonalny: jak obronić się przed manipulacją i wykorzystaniem*, Gdańsk 2011.

Frankl V.E., *Człowiek w poszukiwaniu sensu*, Warszawa 2009.
Fraser J.F., *Jak Ameryka pracuje*, Przemyśl 1910.
Freud Z., *Wstęp do psychoanalizy*, Warszawa 1994.
Fromm E., *Mieć czy być*, Poznań 2009.
Fromm E., *Niech się stanie człowiek. Z psychologii etyki*, Warszawa 2005.
Fromm E., *O sztuce miłości*, Poznań 2002.
Fromm E., *O sztuce słuchania. Terapeutyczne aspekty psychoanalizy*, Warszawa 2002.
Fromm E., *Serce człowieka. Jego niezwykła zdolność do dobra i zła*, Warszawa 2000.
Fromm E., *Ucieczka od wolności*, Warszawa 2001.
Fromm E., *Zerwać okowy iluzji*, Poznań 2000.
Galloway D., *Sztuka samodyscypliny*, Warszawa 1997.
Gardner H., *Inteligencje wielorakie – teoria w praktyce*, Poznań 2002.
Gawande A., *Potęga checklisty: jak opanować chaos i zyskać swobodę w działaniu*, Kraków 2012.
Gelb M.J., *Leonardo da Vinci odkodowany*, Poznań 2005.
Gelb M.J., Miller Caldicott S., *Myśleć jak Edison*, Poznań 2010.
Gelb M.J., *Myśleć jak geniusz*, Poznań 2004.
Gelb M.J., *Myśleć jak Leonardo da Vinci*, Poznań 2001.
Giblin L., *Umiejętność postępowania z innymi...*, Kraków 1993.

Girard J., Casemore R., *Pokonać drogę na szczyt*, Warszawa 1996.
Glass L., *Toksyczni ludzie*, Poznań 1998.
Godlewska M., *Jak pokonałam raka*, Białystok 2011.
Godwin M., *Kim jestem? 101 dróg do odkrycia siebie*, Warszawa 2001.
Goleman D., *Inteligencja emocjonalna*, Poznań 2002.
Gordon T., *Wychowywanie bez porażek szefów, liderów, przywódców*, Warszawa 1996.
Gorman T., *Droga do skutecznych działań. Motywacja*, Gliwice 2009.
Gorman T., *Droga do wzrostu zysków. Innowacja*, Gliwice 2009.
Greenberg H., Sweeney P., *Jak odnieść sukces i rozwinąć swój potencjał*, Warszawa 2007.
Habeler P., Steinbach K., *Celem jest szczyt*, Warszawa 2011.
Hamel G., Prahalad C.K., *Przewaga konkurencyjna jutra*, Warszawa 1999.
Hamlin S., *Jak mówić, żeby nas słuchali*, Poznań 2008.
Hill N., *Klucze do sukcesu*, Warszawa 1998.
Hill N., *Magiczna drabina do sukcesu*, Warszawa 2007.
Hill N., *Myśl!... i bogać się. Podręcznik człowieka interesu*, Warszawa 2012.
Hill N., *Początek wielkiej kariery*, Gliwice 2009.
Ingram D.B., Parks J.A., *Etyka dla żółtodziobów, czyli wszystko, co powinieneś wiedzieć o...*, Poznań 2003.

Jagiełło J., Zuziak W. [red.], *Człowiek wobec wartości*, Kraków 2006.

James W., *Pragmatyzm*, Warszawa 2009.

Jamruszkiewicz J., *Kurs szybkiego czytania*, Chorzów 2002.

Johnson S., *Tak czy nie. Jak podejmować dobre decyzje*, Konstancin-Jeziorna 1995.

Jones Ch., *Życie jest fascynujące*, Konstancin-Jeziorna 1993.

Kanter R.M., *Wiara w siebie. Jak zaczynają się i kończą dobre i złe passy*, Warszawa 2006.

Keller H., *Historia mojego życia*, Warszawa 1978.

Kirschner J., *Zwycięstwo bez walki. Strategie przeciw agresji*, Gliwice 2008.

Koch R., *Zasada 80/20. Lepsze efekty mniejszym nakładem sił i środków*, Konstancin--Jeziorna 1998.

Kopmeyer M.R., *Praktyczne metody osiągania sukcesu*, Warszawa 1994.

Ksenofont, *Cyrus Wielki. Sztuka zwyciężania*, Warszawa 2008.

Kuba A., Hausman J., *Dzieje samochodu*, Warszawa 1973.

Kumaniecki K., *Historia kultury starożytnej Grecji i Rzymu*, Warszawa 1964.

Lamont G., *Jak podnieść pewność siebie*, Łódź 2008.

Leigh A., Maynard M., *Lider doskonały*, Poznań 1999.

Littauer F., *Osobowość plus*, Warszawa 2007.

Loreau D., *Sztuka prostoty*, Warszawa 2009.
Lott L., Intner R., Mendenhall B., *Autoterapia dla każdego. Spróbuj w osiem tygodni zmienić swoje życie*, Warszawa 2006.
Maige Ch., Muller J.-L., *Walka z czasem. Atut strategiczny przedsiębiorstwa*, Warszawa 1995.
Mansfield P., *Jak być asertywnym*, Poznań 1994.
Martin R., *Niepokorny umysł. Poznaj klucz do myślenia zintegrowanego*, Gliwice 2009.
Maslow A., *Motywacja i osobowość*, Warszawa 2009.
Matusewicz Cz., *Wprowadzenie do psychologii*, Warszawa 2011.
Maxwell J.C., *21 cech skutecznego lidera*, Warszawa 2012.
Maxwell J.C., *Tworzyć liderów, czyli jak wprowadzać innych na drogę sukcesu*, Konstancin-Jeziorna 1997.
Maxwell J.C., *Wszyscy się komunikują, niewielu potrafi się porozumieć*, Warszawa 2011.
McCormack M.H., *O zarządzaniu*, Warszawa 1998.
McElroy K., *Jak inwestować w nieruchomości. Znajdź ukryte zyski, których większość inwestorów nie dostrzega*, Osielsko 2008.
McGee P., *Pewność siebie. Jak mała zmiana może zrobić wielką różnicę*, Gliwice 2011.
McGrath H., Edwards H., *Trudne osobowości. Jak radzić sobie ze szkodliwymi zachowaniami innych oraz własnymi*, Poznań 2010.

Mellody P., Miller A.W., Miller J.K., *Toksyczna miłość i jak się z niej wyzwolić*, Warszawa 2013.

Melody B., *Koniec współuzależnienia*, Poznań 2002.

Miller M., *Style myślenia*, Poznań 2000.

Mingotaud F., *Sprawny kierownik. Techniki osiągania sukcesów*, Warszawa 1994.

MJ DeMarco, *Fastlane milionera*, Katowice 2012.

Morgenstern J., *Jak być doskonale zorganizowanym*, Warszawa 2000.

Nay W.R., *Związek bez gniewu. Jak przerwać błędne koło kłótni, dąsów i cichych dni*, Warszawa 2011.

Nierenberg G.I., *Ekspert. Czy nim jesteś?*, Warszawa 2001.

Ogger G., *Geniusze i spekulanci, Jak rodził się kapitalizm*, Warszawa 1993.

Osho, *Księga zrozumienia. Własna droga do wolności*, Warszawa 2009.

Parkinson C.N., *Prawo pani Parkinson*, Warszawa 1970.

Peale N.V., *Entuzjazm zmienia wszystko. Jak stać się zwycięzcą*, Warszawa 1996.

Peale N.V., *Możesz, jeśli myślisz, że możesz*, Warszawa 2005.

Peale N.V., *Rozbudź w sobie twórczy potencjał*, Warszawa 1997.

Peale N.V., *Uwierz i zwyciężaj. Jak zaufać swoim myślom i poczuć pewność siebie*, Warszawa 1999.

Pietrasiński Z., *Psychologia sprawnego myślenia*, Warszawa 1959.

Pilikowski J., *Podróż w świat etyki*, Kraków 2010.

Pink D.H., *Drive*, Warszawa 2011.

Pirożyński M., *Kształcenie charakteru*, Poznań 1999.

Pismo Święte Starego i Nowego Testamentu. Biblia Tysiąclecia, Warszawa 2002.

Pismo Święte w Przekładzie Nowego Świata, 1997.

Popielski K., *Psychologia egzystencji. Wartości w życiu*, Lublin 2009.

Poznaj swoją osobowość, Bielsko-Biała 1996.

Przemieniecki J., *Psychologia jednostki. Odkoduj szyfr do swego umysłu*, Warszawa 2008.

Pszczołowski T., *Umiejętność przekonywania i dyskusji*, Gdańsk 1998.

Reiman T., *Potęga perswazyjnej komunikacji*, Gliwice 2011.

Robbins A., *Nasza moc bez granic. Skuteczna metoda osiągania życiowych sukcesów za pomocą NLP*, Konstancin-Jeziorna 2009.

Robbins A., *Obudź w sobie olbrzyma… i miej wpływ na całe swoje życie – od zaraz*, Poznań 2002.

Robbins A., *Olbrzymie kroki*, Warszawa 2001.

Robert M., *Nowe myślenie strategiczne: czyste i proste*, Warszawa 2006.

Robinson J.W., *Imperium wolności. Historia Amway Corporation*, Warszawa 1997.

Rose C., Nicholl M.J., *Ucz się szybciej, na miarę XXI wieku*, Warszawa 2003.

Rose N., *Winston Churchill. Życie pod prąd*, Warszawa 1996.

Rychter W., *Dzieje samochodu*, Warszawa 1962.

Ryżak Z., *Zarządzanie energią kluczem do sukcesu*, Warszawa 2008.

Savater F., *Etyka dla syna*, Warszawa 1996.

Schäfer B., *Droga do finansowej wolności. Pierwszy milion w ciągu siedmiu lat*, Warszawa 2011.

Schäfer B., *Zasady zwycięzców*, Warszawa 2007.

Scherman J.R., *Jak skończyć z odwlekaniem i działać skutecznie*, Warszawa 1995.

Schuller R.H., *Ciężkie czasy przemijają, bądź silny i przetrwaj je*, Warszawa 1996.

Schwalbe B., Schwalbe H., Zander E., *Rozwijanie osobowości. Jak zostać sprzedawcą doskonałym*, tom 2, Warszawa 1994.

Schwartz D.J., *Magia myślenia kategoriami sukcesu*, Konstancin-Jeziorna 1994.

Schwartz D.J., *Magia myślenia na wielką skalę. Jak zaprząc duszę i umysł do wielkich osiągnięć*, Warszawa 2008.

Scott S.K., *Notatnik milionera. Jak zwykli ludzie mogą osiągać niezwykłe sukcesy*, Warszawa 1997.

Sedlak K. [red.], *Jak poszukiwać i zjednywać najlepszych pracowników*, Kraków 1995.

Seiwert L.J., *Jak organizować czas*, Warszawa 1998.
Seligman M.E.P., *Co możesz zmienić, a czego nie możesz*, Poznań 1995.
Seligman M.E.P., *Pełnia życia*, Poznań 2011.
Seneka, *Myśli*, Kraków 1989.
Sewell C., Brown P.B., *Klient na całe życie, czyli jak przypadkowego klienta zmienić w wiernego entuzjastę naszych usług*, Warszawa 1992.
Słownik pisarzy antycznych, Warszawa 1982.
Smith A., *Umysł*, Warszawa 1989.
Spector R., *Amazon.com. Historia przedsiębiorstwa, które stworzyło nowy model biznesu*, Warszawa 2000.
Spence G., *Jak skutecznie przekonywać... wszędzie i każdego dnia*, Poznań 2001.
Sprenger R.K., *Zaufanie # 1*, Warszawa 2011.
Staff L., *Michał Anioł*, Warszawa 1990.
Stone D.C., *Podążaj za swymi marzeniami*, Konstancin-Jeziorna 1998.
Swiet J., *Kolumb*, Warszawa 1979.
Szurawski M., *Pamięć. Trening interaktywny*, Łódź 2004.
Szyszkowska M., *W poszukiwaniu sensu życia*, Warszawa 1997.
Tatarkiewicz W., *O szczęściu*, Warszawa 1979.
Tavris C., Aronson E., *Błądzą wszyscy (ale nie ja)*, Sopot-Warszawa 2008.

Tracy B., *Milionerzy z wyboru. 21 tajemnic sukcesu*, Warszawa 2002.

Tracy B., *Plan lotu. Prawdziwy sekret sukcesu*, Warszawa 2008.

Tracy B., Scheelen F.M., *Osobowość lidera*, Warszawa 2001.

Tracy B., *Sztuka zatrudniania najlepszych. 21 praktycznych i sprawdzonych technik do wykorzystania od zaraz*, Warszawa 2006.

Tracy B., *Turbostrategia. 21 skutecznych sposobów na przekształcenie firmy i szybkie zwiększenie zysków*, Warszawa 2004.

Tracy B., *Zarabiaj więcej i awansuj szybciej. 21 sposobów na przyspieszenie kariery*, Warszawa 2007.

Tracy B., *Zarządzanie czasem*, Warszawa 2008.

Tracy B., *Zjedz tę żabę. 21 metod podnoszenia wydajności w pracy i zwalczania skłonności do zwlekania*, Warszawa 2005.

Twentier J.D., *Sztuka chwalenia ludzi*, Warszawa 1998.

Urban H., *Moc pozytywnych słów*, Warszawa 2012.

Ury W., *Odchodząc od nie. Negocjowanie od konfrontacji do kooperacji*, Warszawa 2000.

Vitale J., Klucz do sekretu. *Przyciągnij do siebie wszystko, czego pragniesz*, Gliwice 2009.

Waitley D., *Być najlepszym*, Warszawa 1998.

Waitley D., *Imperium umysłu*, Konstancin-Jeziorna 1997.

Waitley D., *Podwójne zwycięstwo*, Warszawa 1996.
Waitley D., *Sukces zależy od właściwego momentu*, Warszawa 1997.
Waitley D., Tucker R.B., *Gra o sukces. Jak zwyciężać w twórczej rywalizacji*, Warszawa 1996.
Walton S., Huey J., *Sam Walton. Made in America*, Warszawa 1994.
Waterhouse J., Minors D., Waterhouse M., *Twój zegar biologiczny. Jak żyć z nim w zgodzie*, Warszawa 1993.
Wegscheider-Cruse S., *Poczucie własnej wartości. Jak pokochać siebie*, Gdańsk 2007.
Wilson P., *Idealna równowaga. Jak znaleźć czas i sposób na pełnię życia*, Warszawa 2010.
Ziglar Z., *Do zobaczenia na szczycie*, Warszawa 1995.
Ziglar Z., *Droga na szczyt*, Konstancin-Jeziorna 1995.
Ziglar Z., *Ponad szczytem*, Warszawa 1995.

O autorze

Andrzej Moszczyński od 30 lat aktywnie zajmuje się działalnością biznesową. Jego główną kompetencją jest tworzenie skutecznych strategii dla konkretnych obszarów biznesu.

W latach 90. zdobywał doświadczenie w branży reklamowej – był prezesem i założycielem dwóch spółek z o.o. Zatrudniał w nich ponad 40 osób. Spółki te były liderami w swoich branżach, głównie w reklamie zewnętrznej – tranzytowej (reklamy na tramwajach, autobusach i samochodach). W 2001 r. przejęciem pakietów kontrolnych w tych spółkach zainteresowały się dwie firmy: amerykańska spółka giełdowa działająca w ponad 30 krajach, skupiająca się na reklamie radiowej i reklamie zewnętrznej oraz największy w Europie fundusz inwestycyjny. W 2003 r. Andrzej sprzedał udziały w tych spółkach inwestorom strategicznym.

W latach 2005-2015 był prezesem i założycielem spółki, która zajmowała się kompleksową komercjalizacją liderów rynku deweloperskiego (firma w sumie sprzedała ponad 1000 mieszkań oraz 350 apartamentów hotelowych w systemie condo).

W latach 2009-2018 był akcjonariuszem strategicznym oraz przewodniczącym rady nadzorczej fabryki urządzeń okrętowych Expom SA. Spółka ta zasięgiem działania obejmuje cały świat, dostarczając urządzenia (w tym dźwigi i żurawie) dla branży morskiej. W 2018 r. sprzedał pakiet swoich akcji inwestorowi branżowemu.

W 2014 r. utworzył w USA spółkę LLC, która działa w branży wydawniczej. W ciągu 14 lat (poczynając od 2005 r.) napisał w sumie 22 kieszonkowe poradniki z dziedziny rozwoju kompetencji miękkich – obszaru, który ma między innymi znaczenie strategiczne dla budowania wartości niematerialnych i prawnych przedsiębiorstw. Poradniki napisane przez Andrzeja koncentrują się na przekazaniu wiedzy o wartościach i rozwoju osobowości – czynnikach odpowiedzialnych za prowadzenie dobrego życia, bycie spełnionym i szczęśliwym.

Andrzej zdobywał wiedzę z dziedziny budowania wartości firm oraz tworzenia skutecznych strategii przy udziale następujących instytucji: Ernst & Young, Gallup Institute, PricewaterhauseCoopers (PwC) oraz Harward Business Review. Jego kompetencje można przyrównać do pracy **stroiciela instrumentu.**

Kiedy miał 7 lat, mama zabrała go do szkoły muzycznej, aby sprawdzić, czy ma talent. Przeszedł test pozytywnie – okazało się, że może rozpocząć edukację muzyczną. Z różnych powodów to nie nastąpiło. Często jednak w jego książkach czy wykładach można usłyszeć bądź przeczytać przykłady związane ze światem muzyki.

Dlaczego można przyrównać jego kompetencje do pracy stroiciela na przykład fortepianu? Stroiciel udoskonala fortepian, aby jego dźwięk był idealny. Każdy fortepian ma swój określony potencjał mierzony jakością dźwięku – dźwięku, który urzeka i wprowadza ludzi w stan relaksu, a może nawet pozytywnego ukojenia. Podobnie jak stroiciel Andrzej udoskonala różne procesy – szczególnie te, które dotyczą relacji z innymi ludźmi. Wierzy, że ludzie posiadają mechanizm psychologiczny, który można symbolicznie przyrównać do **mentalnego żyroskopu** czy **mentalnego noktowizora**. Rola Andrzeja polega na naprawieniu bądź wprowadzeniu w ruch tych „urządzeń".

Żyroskop jest urządzeniem, które niezależnie od komplikacji pokazuje określony kierunek. Tego typu urządzenie wykorzystywane jest na statkach i w samolotach. Andrzej jest przekonany, że rozwijanie **koncentracji i wyobraźni** prowadzi do włączenia naszego mentalnego żyroskopu. Dzięki temu możemy między innymi znajdować skuteczne rozwiązania skomplikowanych wyzwań.

Noktowizor to wyjątkowe urządzenie, które umożliwia widzenie w ciemności. Jest wykorzystywane przez wojsko, służby wywiadowcze czy myśliwych. Życie Andrzeja ukierunkowane jest na badanie tematu źródeł wewnętrznej motywacji – siły skłaniającej do działania, do przejawiania inicjatywy, do podejmowania wyzwań, do wchodzenia w obszary zupełnie nieznane. Andrzej ma przekonanie, że rozwijanie **poczucia własnej wartości** prowadzi do włączenia naszego mentalnego noktowizora. Bez optymalnego poczucia własnej wartości życie jest ciężarem.

W swojej pracy Andrzej koncentruje się na procesach podnoszących jakość następujących obszarów: właściwe interpretowanie zdarzeń, wyciąganie wniosków z analizy porażek oraz sukcesów, formułowanie właściwych pytań, a także korzystanie z wyobraźni w taki sposób, aby przewidywać swoją przyszłość, co łączy się bezpośrednio z umiejętnością strategicznego myślenia. Umiejętności te pomagają rozumieć mechanizmy wywierania wpływu przez inne osoby i umożliwiają niepoddawanie się wszechobecnej indoktrynacji. Kiedy mentalny noktowizor działa poprawnie, przekazuje w odpowiednim czasie sygnały ostrzegające, że ktoś posługuje się manipulacją, aby osiągnąć swoje cele.

Andrzej posiada również doświadczenie jako prelegent, co związane jest z jego zaangażowaniem w działania społeczne. W ostatnich 30 latach był zapraszany do udziału w różnych szkoleniach i seminariach, zgromadzeniach czy kongresach – w sumie jako mówca wystąpił ponad 700 razy. Jego przemówienia i wykłady znane są z inspirujących przykładów i zachęcających pytań, które mobilizują słuchaczy do działania.

Opinie o książce

Małe dziecko przychodzi na świat bez instrukcji obsługi, o czym boleśnie przekonują się kolejne pokolenia młodych rodziców. A jednak mimo tej pozornej przeszkody ludzkość była i jest w stanie poradzić sobie z tym wyzwaniem. Jak? Młodzi rodzice szybko uczą się – głównie metodą prób i błędów – jak zaspokajać potrzeby swojego dziecka. Rodzicielstwo to ciekawa mieszanka zaufania do własnej intuicji, pomocy bliskich i odwołania do wiedzy ekspertów. To nie stały zestaw umiejętności, które ujawniają się w chwili narodzin dziecka, lecz raczej proces nabywania nowych umiejętności dostosowanych do potrzeb i rozwoju własnych pociech.

Nie inaczej jest w przypadku rozpoznania swoich talentów i wykorzystania ich w codziennym życiu. Nie są to zdolności, jakie nabywa się po przeczytaniu jednej książki lub uczestniczeniu w weekendowych warsztatach, lecz raczej droga, na którą się wchodzi świadomie i którą podąża przez resztę życia. Wybierając się w podróż, zwykle pakujemy ze sobą przewodnik i mapę, dlatego też podczas podróży do własnego wnętrza także warto sięgnąć po jakiś przewodnik. Seria książek autorstwa Andrzeja Moszczyńskiego jest właśnie takim przewodnikiem, zawierającym cenne podpowiedzi oraz techniki odkrywania i wykorzystywania swoich talentów. Autor nie stawia się w pozycji eksperta wiedzącego lepiej, co jest dla nas dobre, lecz raczej doradcy odwołującego się szeroko do filozofii, literatury, współczesnych technik doskonalenia osobowości i własnych doświadczeń. Zdecydowanymi mocnymi stronami tej serii są przykłady z życia ilustrujące prezentowane zagadnienia oraz bogata bibliografia służąca jako punkt do dalszych poszukiwań dla wszystkich zainteresowanych doskonaleniem osobowości. Uważam, że seria ta będzie pomocna dla każdego zainteresowanego świadomym życiem i rozwojem osobistym.

Ania Bogacka
Editorial Consultant and Life Coach

* * *

Na rynku książek wybór poradników jest ogromny, ale wśród tego ogromu istnieją jasne punkty, w oparciu o które można kierować swoim życiem tak, by osiągnąć spełnienie. Samorealizacja jest osiągana poprzez mądrość i świadomość. To samo sprawia, że książki Andrzeja Moszczyńskiego są tak użyteczne i podnoszące na duchu. Dzielenie się mądrością w formie przykładów wielu historycznych postaci oświetla drogę w tej kluczowej podróży. Każda z książek Andrzeja jest kompletna sama w sobie, jednak wszystkie razem stanowią zestaw narzędzi, przy pomocy których każdy z nas może ulepszyć umysł i serce, aby ostatecznie przyjąć proaktywną i współczującą postawę wobec życia. Jako osoba, która badała i edytowała wiele tekstów z filozofii i duchowości, mogę z entuzjazmem polecić tę książkę.

Lawrence E. Payne

Dodatek

Cytaty, które pomagały autorowi napisać tę książkę

Na temat rozwoju

Przeznaczeniem człowieka jest jego charakter.

Heraklit z Efezu

Osobowość kształtuje się nie poprzez piękne słowa, lecz pracą i własnym wysiłkiem.

Albert Einstein

Na temat nastawienia do życia

Jeśli jesteś nieszczęśliwy, to dlatego, że cały czas myślisz raczej o tym, czego nie masz, zamiast koncentrować się na tym, co masz w danej chwili.

Anthony de Mello

W końcu, bracia, wszystko, co jest prawdziwe, co godne, co sprawiedliwe, co czyste, co miłe, co zasługuje na uznanie: jeśli jest jakąś cnotą i czynem chwalebnym – to miejcie na myśli.

List do Filipian 4:8

Na temat szczęścia

Ludzie są na tyle szczęśliwi, na ile sobie pozwolą nimi być.

Abraham Lincoln

Więcej szczęścia jest w dawaniu aniżeli w braniu.

Dz 20:35

Na temat poczucia własnej wartości

Bez Twojego pozwolenia nikt nie może sprawić, że poczujesz się gorszy.

Eleanor Roosevelt

Na temat możliwości człowieka

Nie ma rzeczy niemożliwych, są tylko te trudniejsze do wykonania.

Henry Ford

Gdybyśmy robili wszystkie rzeczy, które jesteśmy w stanie zrobić, wprawilibyśmy się w ogromne zdumienie.

Thomas Edison

Na temat poznawania siebie

Najpierw sami tworzymy własne nawyki, potem nawyki tworzą nas.

John Dryden

Na temat wiary w siebie

Człowiek, który zyska i zachowa władzę nad sobą, dokona rzeczy największych i najtrudniejszych.

Johann Wolfgang von Goethe

Ludzie potrafią, gdy sądzą, że potrafią.

Wergiliusz

Na temat wnikliwości

Prawdę należy mówić tylko temu, kto chce jej słuchać.

Seneka Starszy

Język mądrych jest lekarstwem.

Księga Przysłów 12:18

Na temat wytrwałości

Nic na świecie nie zastąpi wytrwałości. Nie zastąpi jej talent – nie ma nic powszechniejszego niż ludzie utalentowani, którzy nie odnoszą sukcesów. Nie uczyni niczego sam geniusz – nienagradzany geniusz to już prawie przysłowie. Nie uczyni niczego też samo wykształcenie – świat jest pełen ludzi wykształconych, o których zapomniano. Tylko wytrwałość i determinacja są wszechmocne.

John Calvin Coolidge

Możemy zrealizować każde zamierzenie, jeśli potrafimy trwać w nim wystarczająco długo.

Helen Keller

Tak samo, jak pojedynczy krok nie tworzy ścieżki na ziemi, tak pojedyncza myśl nie stworzy ścieżki w Twoim umyśle. Prawdziwa ścieżka powstaje, gdy chodzimy po niej wielokrotnie. Aby stworzyć głęboką ścieżkę mentalną, potrzebne jest wielokrotne powtarzanie myśli, które mają zdominować nasze życie.

Napoleon Bonaparte

Na temat entuzjazmu

Tylko przykład jest zaraźliwy.

Lope de Vega

Na temat odwagi

Życie albo jest śmiałą przygodą, albo nie jest życiem. Nie lękać się zmian, a w obliczu kapryśności losu zachowywać hart ducha – oto siła nie do pokonania.

Helen Keller

Silny jest ten, kto potrafi przezwyciężyć swe szkodliwe przyzwyczajenia.

Benjamin Franklin

Życie jest przygodą dla odważnych albo niczym.

Helen Keller

Na temat realizmu

Kto z was, chcąc zbudować wieżę, nie usiądzie wpierw i nie obliczy wydatków, czy ma na jej wykończenie.

Ew. Łukasza 14:28

Pesymista szuka przeciwności w każdej okazji, optymista widzi okazje w każdej przeciwności.

Winston Churchill

Dajcie mi odpowiednio długą dźwignię i wystarczająco mocną podporę, a sam poruszę cały glob.

Archimedes

OFERTA WYDAWNICZA
Andrew Moszczynski Group sp. z o.o.

www.ingramcontent.com/pod-product-compliance
Lightning Source LLC
LaVergne TN
LVHW041607070526
838199LV00052B/3028